語り継ぐクリスチャン実話

あの日、ぼくらは

天の家、独立学園、杉原千畝 篇

文　結城絵美子

絵・漫画　みなみななみ

目次

＊今回、「天の家のこどもたち」を書くにあたって、当時、天の家で暮らしていた三人の方にお話を伺いました。物語はその取材に基づいた実話ですが、子どもたちのキャラクターについては名前を変えたり、二人の体験を一人のものにまとめたり、逆に一人の体験を二人に分けたり、というような作業をしました。
「独立学園物語」も同様に、鈴木弼美《すけよし》氏の長女・今野和子さんに取材した実話を、物語風の読み物にするために、ディテールに関しては多少のフィクションを交えて書いたものです。

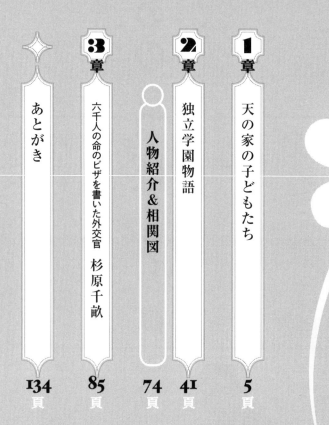

まし
院でした。
また一人天の
小さい頃の正
から寂しがる
います。

1章 天の家の子どもたち

文 結城絵美子

絵 みなみななみ

店の外に出ると、ちょうど頭の上に少し欠けた月が浮《う》かんでいました。

山崎さんは入り口に置いた小さな看《かん》板《ばん》を店の中にしまい、歩道に面した大きなガラス窓《まど》にカーテン代わりの白い布をかけると、カウンターの隅に置いてあった白い封筒《ふうとう》の手紙を持って店の真ん中のテーブルに腰《こし》かけました。

店内にはまだコーヒーの香りが漂《ただよ》っています。ＢＧＭの静かなジャズも、わざとつけっぱなしにしてありました。静まり返った店の中で手紙を読むのがいやだったからです。

道夫ちゃん。元気ですか。

今日は残念なお知らせです。昨日、正洋ちゃんが天に召《め》されました。結局、二か月の入院でした。また一人、天の家の仲間が本当の天に帰っちゃったわね。もう、こちらに残っている者のほうが少なくなるわね。小さい頃《ころ》の正洋《まさひろ》ちゃんを思い出しながら、道夫ちゃんはあの子をかわいがっていたから寂《さび》しがるだろうなと心配しています。

もう少し暖《あたた》かくなったら同窓会《どうそうかい》もしたいわね。だけど、正洋ちゃんやほかのたくさんの仲間も、エンジューンもエンメリーもエンルーシーも天に帰っちゃったから、全員が集まる本当の同窓会《どうそうかい》は天国でやりましょうね。

その日までもう少し、お互《たが》いこの世界で元気にやっていきましょう。

真理子

正洋が肝臓《かんぞう》がんで入院したという話は聞いていたので、今日、真理子からの手紙を受け取ったとき、山崎さんには「もしかして」という予感がありました。だからこそ、カフェがオープンしている間にその手紙の封《ふう》を切ることができず、閉店《へいてん》するまで読むのを待っていたのです。

（なんだ、正洋。おれより七歳《さい》も年下なのに先に行っちゃったのか）

心の中でつぶやきながら、無意識《むいしき》のうちに便せんをたたんだり、また開いたりする山崎さんの脳裏《のうり》に遠い昔の軽井沢《かるいざわ》の風景が浮《う》かび上がってきました。

長野県の軽井沢《かるいざわ》町は昔から外国人が多い町でした。それというのも、今から百三十年以上も前にカナダからやってきた宣教師《せんきょうし》が、景色も気候も自分の国によく似《に》た軽井沢《かるいざわ》を気に入り、日本の中にこんなに住みやすい土地があると紹介《しょうかい》したことがきっかけで多くの外国人がやってくるようになったからです。明治時代にはもう、外国人の別荘《べっそう》や外国人専用《せんよう》のホテルが建ち、「日本の中の西洋」と呼ばれていたほどでした。

一九五二年。十二歳《さい》だった山崎道夫が住んでいた頃《ころ》の軽井沢《かるいざわ》にも、たくさんの外

WELCOME
STORE
STORE
ようこそ
肉
MEET
KIMONO
OBI
店服呉
MPEIHOTEL
平ホテル別館
軽井沢
BAKE

国人が暮《く》らしていました。戦争が終わるとまもなく、アメリカやイギリス、カナダからたくさんの宣教師《せんきょうし》たちが船に乗って日本にやって来たのです。

宣教師《せんきょうし》たちは日本に着くとまず軽井沢《かるいざわ》に向かい、そこで日本語や日本の文化を勉強し、それから日本の各地に散っていきます。多くの宣教師《せんきょうし》たちが集まってくる軽井沢《かるいざわ》は、その時代もやはり「日本の中の西洋」だったのです。

道夫の父親は東京で学校の先生をしていました。東京の空襲《くうしゅう》がひどくなりはじめた頃《ころ》、学校の子どもたちは「集団疎開《しゅうだんそかい》」といって、戦闘機《せんとうき》が飛んでこないような田舎《いなか》に避難《ひなん》させられたのですが、道夫の父親は生徒たちを連れて軽井沢《かるいざわ》に疎開《そかい》し、道夫たち家族もそれについて来ていました。

ようやく戦争が終わる頃《ころ》、道夫の父親は結核《けっかく》という病気にかかって亡くなりました。母親も同じ病気になって入院したために、道夫は「天の家」という、親と暮《く》らせない子どもたちのための施設《しせつ》に連れて来られたのです。

天の家で道夫たちの母親代わりを務《つと》めていたのは、アメリカの人エンジューンという背《せ》の高い女の人と、カナダ人のエンメリーという小柄《こがら》な女の人でした。エンジューンとエンメリーも宣教師《せんきょうし》でした。戦争が終わったばかりの日本に、親を亡《な》くした子どもたちがあふれているのを見たエンジューンとエンメリーは、一人、また一人と子どもたちを引き取り始め、ついにはそれが「天の家」という大きな家族になったのです。

建物は、エンジューンたちと同じ宣教団体《せんきょうだんたい》からアンコジャックやアンコピートという名前の男の人たちがやって来て、大きな三階建ての木造《もくぞう》の家を建てました。アンコジャックたちも、天の家のそばに、同じような家を建てて住んでいます。

子どもたちは最初、アメリカ人の女の人の名前の頭には、どうしてみんな「エン」がつき、男の人の名前には「アンコ」がつくのだろうと不思議に思っていましたが、やがてそれが「おばさん」を意味するアントと「おじさん」を意味するアンクルが、「エン」と「アンコ」に聞こえていたのだということを知りました。エンジューンはアント・ジューン（ジューンおばさん）、エンメリーは、アント・メリー（メリーおばさん）だったのです。

エンジューンはいつも背筋《せすじ》をピンと伸《の》ばしていて口数が少なく、あわてたそぶりを見せることなど決してない人でした。子どもたちがふざけすぎたり危《あぶ》ないことをすると、ぴしっと短く「ビー　ケアフォー」と言います。英語のわからない子どもたちにも、これが「気をつけなさい」という意味だということは、一緒《いっしょ》に生活しているうちにすぐにわかるようになりました。

このことばには、従《したが》わないと大変なことになりそうな響《ひび》きがあったので、大騒《おおさわ》ぎしている子どもたちも、エンジューンが一言「ビー　ケアフォー」と言うとドキッとしてすぐに静かになりました。

子どもたちを叱《しか》るのはエンジューンの役目と言わんばかりに、エンメリーはいつ

もにこにこしていて怒《おこ》った顔を見せたことがありません。子どもたちは、アメリカ式の朝食に出てくるオートミールという大麦の粥《かゆ》のような食べ物が苦手で、大きな木のテーブルの節穴《ふしあな》にこっそりそれを詰《つ》めてしまう子もいました。

　エンジューンなら、だれがやったかを突《つ》き止めて、本人に掃除《そうじ》をさせるところですが、エンメリーはため息をつきながら、しかたないというふうに頭を振《ふ》りながらだまってスプーンでこそぎ出していました。

戦争に負けたばかりの日本の暮《く》らしは、エンジューンやエンメリーの故郷《こきょう》の国の暮《く》らしとはまるでちがっていました。アメリカの家には冷蔵庫《れいぞうこ》があるのが当たり前でしたが、日本では毎日大きな氷が配達されてきて、それを木の箱に入れて冷蔵庫《れいぞうこ》代わりにしていました。洗濯機《せんたくき》もないから大きな木のたらいと、洗濯板《せんたくいた》を使って洋服を洗《あら》います。

町にはオート三輪と呼《よ》ばれる、タイヤが三つの車が走っていて、右に曲がる時には右に、左に曲がる時には左に、金属《きんぞく》の旗のようなものを出します。エンジューンの宣教団体《せんきょうだんたい》はアメリカから車を持ってきていて、その車にはライトの点滅《てんめつ》で右折か左折かを知らせる方向指示器《しじき》がついていたのですが、日本人にはなじみがなくてわからなかったため、日本で乗る時には金属《きんぞく》の旗をつけてオート三輪と同じ方法で合図をし

なければなりませんでした。

アメリカやカナダの暮《く》らしに比《くら》べると何十年も逆戻《ぎゃくもど》りしたような日本の生活の中で、エンジューンとエンメリーは一生懸命《いっしょうけんめい》子どもたちを育てました。


道夫には、まるでエンジューンがお父さん役、エンメリーがお母さん役のように思えましたが、そのどちらも好きで頼《たよ》りにしていました。外国人のふたりは、天の家が役場に書類を出さなければならないようなとき、男の子の中でいちばん年長で半分大人になりかかっていた十二歳《さい》の道夫を一緒《いっしょ》に連れて行って手伝わせることがありました。道夫にはそれが誇《ほこ》らしく、嬉《うれ》しいことで、この大きな家の長男のような気持ちになるのでした。

しかし、道夫より一つ年下の真理子は、エンジューンの厳《きび》しさに反発することが多く、二人の間にはよくピリピリとした空気が流れ、時には無言でにらみ合うことさえありました。

真理子の父親は戦争で行った南の島で亡《な》くなり、母親は真理子を親戚《しんせき》の家に預《あず》けて働きに出たきり、連絡《れんらく》が取れなくなってしまったということでした。真理子はあまり笑わない子で、ぶっきらぼうなところがあり、時にはとっぷり日が暮《く》れて夕ご飯の時間になっても天の家に帰ってこないこともありました。

エンジューンに叱《しか》られてもそっぽを向いて不機嫌《ふきげん》そうな顔をするばかりで、これには遠くから横目で見ている子どもたちのほうがヒヤヒヤするほどでした。

真理子のいちばんの理解者《りかいしゃ》は、最近天の家にやってきたエンルーシーでした。エンルーシーはエンジューンやエンメリーより十歳《さい》近く若《わか》く、アント（おばさん）というよりはお姉さんのような人で、真理子が皿洗《さらあら》いの当番をしているときなど、よく手伝いながら話しかけたり、ポップコーンを作っては「一緒《いっしょ》に食べよう」と誘《さそ》ったりしていました。

それでも真理子はたいして嬉《うれ》しそうな顔もせず、無愛想なまま、聞かれたことに短く答えるだけなのです。まるで、大人なんか誰《だれ》も信じないことに決めているというようなかたくなな態度《たいど》でしたが、そんな真理子も、小さな子どもたちには姉御肌《あねごはだ》の優《やさ》しさを見せ、まあ姉ちゃんと呼《よ》ばれて頼《たよ》りにされているのでした。

天の家の子どもたちは、いちばん年下で五歳《さい》の正洋から、十二歳《さい》の道夫まで、男の子も女の子もみんな仲良しでした。正洋の肌《はだ》の色は濃《こ》い茶色で、日本人とは違《ちが》う顔つきをしていました。正洋の父親はアメリカの兵隊で、正洋が生まれる前に自分の国に帰ってしまい、母親が一人では育てられないといって正洋を天の家に連れてきたということでした。

天の家の中では、正洋の肌《はだ》の色や顔つきが特別なものに見られることはいっさいありませんでしたが、外から遊びに来る子どもたちは、正洋を見るとびっくりしたような顔になり、だまってすっと後ろに下がり、決して話しかけようとはしませんでした。

道夫はそれに気づくと、「正洋、おいで」と声をかけて近くの小川に連れていき、一緒《いっしょ》になって小魚をとったり、水をかけあったりして遊んでやりました。肌《はだ》の色が違《ちが》っても、天の家に来た事情はそれぞれ違っても、一日三回同じテーブルにつき、同じものを食べ、一緒《いっしょ》に笑ったり、時には小さなけんかをする子どもたちはみな、お互《たが》いに兄弟のようなものでした。

軽井沢《かるいざわ》の里山は道夫たちの遊び場であり、食料を調達できる場所でもありました。大きな山栗《やまぐり》の木がどこにあるか、アケビの実をどこで採《と》れるか、子どもたちはみんなよく知っています。

道夫は、アケビの中でも普通《ふつう》のアケビとは違《ちが》って、皮が紫色《むらさきいろ》にならず白っぽくて大きめのモチアケビがとれる場所を知っていました。この場所だけは、弟分のカズにも教えていません。

ぱっかんと口を開けたモチアケビは紫色《むらさきいろ》のアケビよりもっと甘《あま》く、上等なおやつでした。これを持って帰るときのみんなの嬉《うれ》しそうな顔とほめことばが楽しみで、それを独《ひと》り占《じ》めする代わりに、モチアケビはみんなにわけてやっていたのです。

日曜日になると子どもたちが二列になって、坂道を十分ほど降《お》りてユニオンチャーチという教会に歩いて行く姿《すがた》は近所の名物のようになっていました。

だれかが夜中に熱を出せば、同じ坂道を道夫が背中《せなか》を丸めて駆《か》け下りて、お医者さんを呼《よ》びに行きます。真っ暗な道も、熱にうかされている小さな弟分、妹分を思えば、怖《こわ》さを忘《わす》れました。

口には出さなくても、親と離《はな》れて暮《く》らす寂《さび》しさを心の中で分かり合えた子どもたちは、大家族の兄弟のような気持ちで、お互《たが》いをかばい合い、大切に思う気持ちがあったのです。

あるとき、正洋を川で遊ばせながら、近くで本を読み始めた道夫は、すっかりそれに夢中《むちゅう》になってしまい、薄《うす》暗くなってきたことに気づいて顔を上げると、目の前の川にいたはずの正洋の姿《すがた》が見えません。

あわてて近くの雑木林《ぞうきばやし》を探《さが》しまわりましたが見つからず、胸《むね》がドキドキしてきました。一人で先に天の家に帰ったのかとのぞきにいきましたが、正洋はやはり、そこにもいません。エンジューンに打ち明けることもできずに、黙《だま》って天の家を飛び出し、町のほうに向かってあてもなく走り出すと、ずっと向こうのほうから真理子と正洋が手をつないでぶらぶらと帰ってくる姿《すがた》が見えました。

近づいてきた真理子は、何をやってるんだという顔をしながらも、何も言わずに道夫の横を通り過《す》ぎていきました。


小さな子には優《やさ》しかった真理子も、年の近い女の子とはぶつかることもありました。いつもは口げんか程度《ていど》で終わるのですが、あるとき、外から帰ってきた友子にいきなりつかみかかっていったことがありました。

友子は真理子より二つ年下でしたが体格《たいかく》がよく、靴《くつ》のサイズは真理子と同じでした。それでよく、真理子の靴《くつ》を勝手に履《は》いて出かけてしまうことがあったのです。

友子に靴《くつ》を履《は》いていかれてしまうと、真理子には替《か》えの靴《くつ》はありません。たった一足きりの靴《くつ》は、真理子にとっては外に出かけていく足そのものなのに、何度文句《もんく》を言っても友子は、自分のすり切れた靴《くつ》をどこかに隠《かく》して、真理子の靴《くつ》を履《は》いて出かけてしまうのでした。

その日、真理子は掃除《そうじ》の仕方が雑《ざつ》だといってエンジューンに小言を言われ、むしやくしゃしたので町をぶらつこうと思って玄関《げんかん》までくると、またもや自分の靴《くつ》が見当たりません。いらいらしていた気持ちはさらに激《はげ》しくなり、なかなか帰ってこない友子を待つうちに怒《いか》りはつのっていき、やっと帰ってきた友子を見たとたん、ものも言わずに友子めがけて突進《とっしん》していったのです。

取っ組み合いのけんかをくりひろげた友子と真理子は二人とも叱《しか》られましたが、事情《じじょう》がよく飲み込《こ》めていなかったエンジューンには、いきなり飛びかかっていった真理子が原因《げんいん》を作ったように見えてしまい、真理子のほうがよけいに叱《しか》られました。

真理子はたまらず外に飛び出して、里山の道をものすごい勢《いきお》いで走っていきました。ふと気がつくと、真理子の後ろを一匹《ぴき》の大きな茶色い犬がめちゃくちゃに吠《ほ》えながら追いかけてきていました。

このあたりには最近野犬が出るから気をつけるように、と言われていたことを突《とつ》然《ぜん》思い出しましたが、後の祭りです。心臓《しんぞう》をつかまれたような恐怖《きょうふ》を感じながら、真理子は全速力で走りました。それでも大きな犬の足にかなうはずがありません。吠《ほ》え声がどんどん近づいてきます。

もうだめだ、噛《か》まれる！　と思った瞬間《しゅんかん》、真理子は大きな声で「神さま！　助けて！」と叫《さけ》びました。すると不思議なことに、突然《とつぜん》犬の鳴き声が聞こえなくなったのです。真理子はそれでもしばらく後ろも振《ふ》り返らずに走り続けました。

いくら走っても犬の声はそれきり聞こえず、あとを追って来る気配も感じられないので、ようやく足をゆるめて後ろを振《ふ》り返ると、犬の姿《すがた》は見えません。あたりはしーんとしています。犬はいったいどこに行ってしまったのだろう。

キツネにつままれたような気持ちで立ち止まり、前に向き直ると、目の前に大きな真っ白なヤマユリが一輪、咲《さ》いていました。「もう大丈夫《だいじょうぶ》だよ。あなたの叫《さけ》びはちゃんと聞こえている。安心してお帰り」。神様にそう語りかけられたような気がして、真理子の心の中から、その日一日のいらだちや怒《いか》り、悔《くや》しさ、悲しさがすべて抜《ぬ》け落ちていきました。

疲《つか》れ果てて、とぼとぼと天の家に歩いて帰ると、台所のほうからエンジューンとエンルーシーが英語で言い争いをしている大きな声が聞こえてきて、真理子はびっくりしました。アントたちが喧嘩《けんか》をする声など、初めて聞きます。耳をそばだてて

いると、英語の中に何度も「マリコ」という名前が出てきて、エンルーシーが真理子をかばってくれているのだということがすぐにわかりました。

その時、真理子の心の鎧《よろい》のようなものが砕《くだ》かれて散りました。涙《なみだ》を流しながらよろよろと台所に入っていった真理子は、エンルーシーに向かって「ありがとう」と告《つ》げ、それからエンジューンのほうを振《ふ》り返って小さな声で「ごめんなさい」と言いました。

驚《おどろ》いた顔で真理子を見つめていたエンルーシーとエンジューンの目からも、みるみるうちに涙《なみだ》があふれてきました。

軽井沢《かるいざわ》に遅《おそ》い春が訪れる頃《ころ》、アンコピートが天の家で豚《ぶた》を飼《か》おうと言い出しました。冬まで育てて、クリスマスのごちそうにするというのです。

天の家の食事は、アメリカから送られてくる物資《ぶっし》があるので、子どもたちが食べるものに困《こま》ることはほとんどありませんでした。それでも時々、何かの都合で荷物や、アメリカのクリスチャンたちが送ってくれる献金《けんきん》が遅《おく》れたりすると、さて困《こま》った、明日は何を食べよう、とエンジューンやエンメリーが頭を抱《かか》えることもありました。

そんな時は子どもたちも一緒《いっしょ》にみんな食堂《しょくどう》に集まり、「天のお父さま。私《わたし》たちに食べるものを与《あた》えてください」と祈《いの》りました。そうすると不思議に、その日の午後に遅《おく》れていた荷物が届《とど》いたり、近所の八百屋さんが残りものの野菜を届《とど》けてくれたりすることを、道夫や真理子は不思議な思いで見つめていました。

そんなふうでしたから、春のうちからクリスマスのごちそうを用意するというアンコピートの考えは名案に思えました。豚《ぶた》のえさは、道夫が、アンコがあらかじめ頼《たの》んでくれているアメリカ人の家を三十軒《けん》くらい自転車でまわり、その日に出た残飯をもらってきます。

この時代、子ども用の自転車などというものはなかったので、道夫は大人用の大きな自転車の三角のフレームの向こう側に片足《かたあし》を通して立ったままペダルをこぐ、「三角乗り」という方法で自転車をこぎながら、雨の日も風の日もこの仕事をこなしました。

　やがて十二月になり、クリスマスが近づいてきたある日、エンジューンが「今日は宣《せん》教師《きょうし》センターでクリスマス会をしますから、出かけましょう」と言って子どもたちを庭に整列させました。

　道夫もいちばん後ろに並《なら》ぼうとすると、アンコピートがやってきて「みっちゃんは残って」と言うのです。天の家の脇《わき》にある畑に薪《まき》が組んであって、その上に大きなドラム缶《かん》が乗せてあり、そこに水をくむのを手伝ってくれ、と言われたとき、道夫は自分が残された理由がわかりました。

　今日は豚《ぶた》がごちそうになる日で、それはつ

まり、その前に豚《ぶた》を殺《ころ》さなければならないということなのです！　はじめから、こうなることはわかってはいました。ローストポークを楽しみにもしていました。でも、いざその日がやってくると、道夫はちょっとうろたえました。

なるべく深く考えないようにしながらドラム缶《かん》に水を満たすと、アンコピートが、「ありがとう。あとはもういいよ。みっちゃんももう行きなさい」と言ってくれましたが、道夫はそうすることができませんでした。

ずっとえさをやってきた豚《ぶた》のうえにこれから起こることを、自分が見届《みとど》けてやらなければならないような気がしたのです。かといって、間近でそれを見る勇気はなかったので、家に入って、二階の窓《まど》を細く開けました。アンコピートが全身の力を込《こ》めて豚《ぶた》の目と目の間をこん棒《ぼう》で打ち、ナイフでとどめを刺《さ》し、ドラム缶《かん》に沸《わ》かしたお湯につけて皮を剝《は》ぐようすを、道夫は息を詰《つ》めて見守っていました。

結局、道夫はその日、ローストポークを食べることはできませんでした。アンコピートをうらむ気持ちはありませんでしたし、むしろ、自分がどんなに大変な仕事をしてきたかおくびにも出さず、子どもたちが歓声《かんせい》を上げながらごちそうを食べるようすをニコニコして見ているアンコを、えらい人だと思ったほどです。夢中《むちゅう》で肉をほおばっている正洋の姿《すがた》もうれしいものでした。それでもやっぱり道夫には、それを食べることができませんでした。

次の日、道夫は里山の中の秘密《ひみつ》の空き地に出かけていきました。そこは周りの木にふちどられた空がちょうど馬のひづめの形に開いていて、それは道夫専用《せんよう》のスクリーンでした。一人になりたいとき、考えごとをしたいとき、道夫はここにやってきて、ごろんと仰《あお》向けに寝《ね》そべります。

空のスクリーンは、その季節によって、また時間によって、さまざまな風景を見せてくれます。ひづめの開いている方向から丸く閉《と》じている方向に向かって飛んでいく鳥の群れ。右から左に低い空を横切っていく山鳩《やまばと》。明るい水色の空に浮かぶ白い雲。夜に抜《ぬ》け出してきた時に見える北斗《ほくと》七星。

そんな風景に見入っていると、東京の小学校にいた頃《ころ》の友だちを思い出したり、病院にいる母親に会いたくなったりしました。

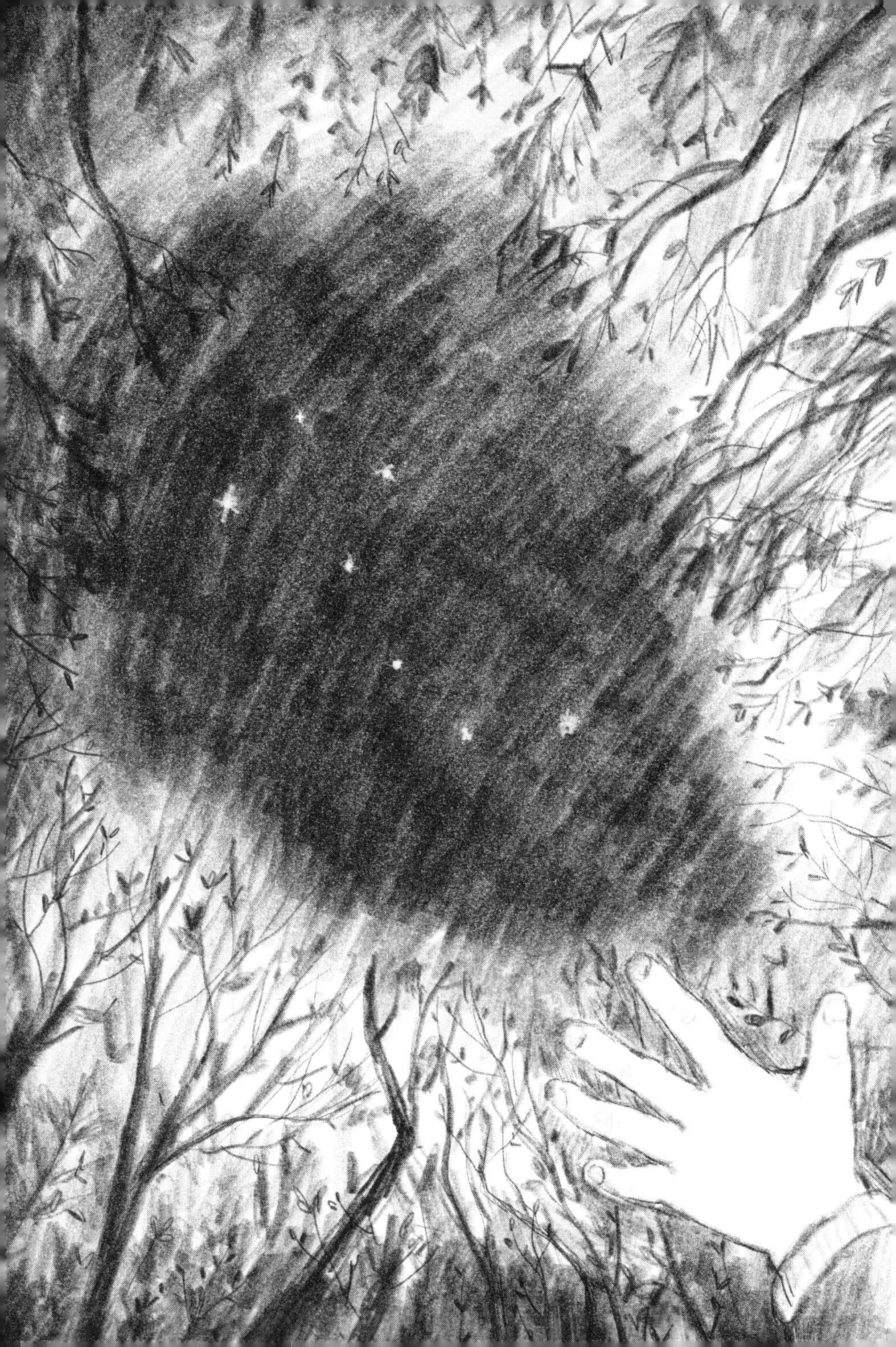

道夫も真理子も正洋も、そしてもしかしたら、エンジューンやエンメリーたちでさえも、ほんのちょっぴり自分だけの寂《さび》しさを胸《むね》に抱《いだ》きながら、楽しいことや大変なこと、嬉《うれ》しいことや驚《おどろ》いたことを分かち合いながら暮《く》らしていた天の家の生活は、ある時突然《とつぜん》に終わりを迎《むか》えました。

きっかけは、寒い冬の日の火事でした。調子のおかしくなっていたストーブの火がカーテンに燃《も》え移《うつ》り、あっという間に木造《もくぞう》の家を焼き尽《つ》くしてしまったのです。昼間だったことが幸いして死んだ者は一人もなく、大きなけがややけどを負った者さえ出ませんでした。翌朝《よくあさ》になると、村中から五十人以上の人が片《かた》づけを手伝いにきてくれました。

道夫は、エンジューンやアンコたちがまた新しい家を建ててくれるものだと思っていましたが、ある日子どもたちは集められ、そういうわけにはいかないのだと説明をされました。

じつは、エンジューンが少し前からガンという病気にかかっており、宣教団体《せんきょうだんたい》から、アメリカに帰ってくるように言われていたところだったというのです。

年の小さい子どもたちは、エンメリーに連れられてアメリカに行くことになりました。あちらで養子にもらってくれる先が見つけられていたのです。

道夫は、東京に住むおじさんに引き取られることになりました。真理子はしばらく別の施設《しせつ》に入ることになり、十六歳《さい》になると住み込《こ》みで働ける仕事につきました。天の家の子どもたちは、ばらばらになってしまいました。


真理子からの手紙が山崎さんを「天の家の道夫」だった時代に連れ戻《もど》した翌日《よくじつ》の夕方、山崎さんが経営《けいえい》するカフェ・マラナサの扉《とびら》が静かにあきました。

「いらっしゃい」と目を上げると、そこには少しいたずらっぽくほほえむ真理子が立っていました。

「こんにちは。手紙を出したばかりだけど、書いているうちにどんどん軽井沢《かるいざわ》のことを思い出して、道夫ちゃんに会いたくなって来ちゃったのよ」

自分も天の家のことをなつかしく、少し寂《さび》しく思い出していた山崎さんは驚《おどろ》きながらも大喜《おおよろこ》びで真理子を迎《むか》え入れました。

「真理ちゃん、よく来たね。手紙、ありがとう」

「すてきなカフェよね。道夫ちゃん、すごいわ」

山崎さんは閉店時間《へいてんじかん》を二十分繰《く》り上げて、ドアの外に「closed（閉店《へいてん》）」という札を出すと、真理子と自分のために心をこめてコーヒーを入れ、昨日一人で手紙を読んだ真ん中のテーブルに運んでいきました。

「ねえ、道夫ちゃん知ってた？　エンジューンはね、アメリカに帰ってから結婚《けっこん》したのよ。エンジューンがガンで、もう長くは生きられないことを承知《しょうち》の上で結婚《けっこん》を申し込《こ》んでくれた人がいたんですって。それで一年間、幸せな結婚《けっこん》生活を送ってから天国に帰ったのよ」

そうだったのか、と山崎さんの胸《むね》は熱くなりました。いつも何かを考えこんでいるような厳《きび》しい顔つきをしていたエンジューンが、最後の一年間はだれかに支《ささ》えられて安心して暮《く》らしていたことが、うれしくてたまりませんでした。

真理子は続けて、自分が知る限《かぎ》りの天の家の子どもたちのその後について話してくれました。それから一息つくと、山崎さんの顔をじっと見てこう言いました。

「道夫ちゃんだって、こんなりっぱなお店を出すまでにはずいぶん苦労したんじゃない？」

「そりゃ、しなかったとは言えないね。まあ、もちろん、いろいろ大変だったよ。でも、それは真理ちゃんも同じだろ？」

苦笑いを浮《う》かべながら山崎さんは続けます。

「正直に言えば、辛《つら》いことも多くて、何もかもいやになりそうになったこともあるよ。だけど、心の中にあの歌が残ってたんだよなぁ」

「あの歌？」

「ほら、教会でよく歌ってただろう。『主　われを愛す、主は強ければ、われ弱くとも　恐《おそ》れはあらじ※』っていうあの歌だよ」

「ああ、私《わたし》もよ！」

真理子の目がぱっと輝《かがや》きました。

「つらい時や疲《つか》れた時、一人でよく歌ったわ、その歌。親のいない私《わたし》のことを愛してくれる人なんか、もう誰《だれ》もいないんじゃないか、って思っちゃうときにも歌った」

「また、みんなで歌いたいな」

山崎さんが言うと、真理子がうなずきながら答えました。

「歌いましょうよ。私《わたし》たちも天国に帰ったら、天の家のメンバー勢《せい》ぞろいして歌いましょう。エンジューンも、エンメリーも、エンルーシーも、正洋ちゃんもみんな一緒《いっしょ》に」

主　われを愛す、主は強ければ、われ弱くとも　恐《おそ》れはあらじ
わが主イエス、わが主イエス、わが主イエス、われを愛す※

※教会福音讃美歌52番

2章 独立学園物語

文
結城絵美子

絵
みなみななみ

「取ってきたドングリはこのカゴに入れるように。一人、最低でも渡《わた》した袋《ふくろ》二つ分は集めましょう。では、始め！」

先生のかけ声に追われるように、和子は雑木林《ぞうきばやし》の中に入っていきました。同級生の女の子たちは三人、四人とグループになって、あそこに行けばたくさん拾えるという当てがあるようにずんずん林の奥《おく》に入っていきますが、和子は不安げな顔つきできょろきょろ当たりを見回しながら足先で落ち葉をかきわけ、ドングリを探《さが》しています。

昭和十八年。二年前にアメリカと戦争を始めた日本では、尋常《じんじょう》小学校が国民学校と名前を変え、その目的も、「国民が一丸《いちがん》となって太平洋戦争に臨《のぞ》めるよう、心身を鍛錬《たんれん》するため。小さな子どもたちも天皇陛下《てんのうへいか》の役に立つ皇国民《こうこくみん》になるため」のものとなっていました。

この日のドングリ探《さが》しも、植物観察や秋を楽しむためといったのどかなものではなく、「ドングリのでんぷんからアルコールを取って飛行機の燃料《ねんりょう》にするため」のものでした。

木漏《こも》れ日の射《さ》す秋の里山は美しく、リンドウやクジャクソウなどの野花があちこちに咲《さ》き、野葡萄《のぶどう》や山栗《やまぐり》も実を結んでいます。和子の好きなキノコ類も、何種類も顔を出していました。

和子の心は、静かな木々の間をさまよい出しそうになりました。自由に歩き回って好きなだけ植物を観察し、気ままに収穫《しゅうかく》することができるなら、ここはどんなにか楽しい空間でしょう。

けれども、今の和子にそんなぜいたくは許《ゆる》されていません。とにかくドングリを、せめて同級生たちと同じくらい集めなければ……。

（ドングリなんかで本当に飛行機を飛ばせるのかな）

心の中でぼやきながら、それでも必死に落ち葉の上に視線《しせん》を走らせます。和子の父親は大学で物理学を専門《せんもん》に学んでいた人で、戦争が始まってからは招集《しょうしゅう》されて航《こう》

空工廠《くうこうしょう》という飛行機を造《つく》る工場のようなところに何年も行っていました。

和子は、ドングリ拾いのことを話したとき、苦笑いをしながら首を横に振《ふ》った父の表情《ひょうじょう》を覚えていました。

でも、本当に飛行機が飛ぶかどうかはこの際《さい》、問題ではないのです。先生が紙袋《かみぶくろ》二つ分集めて来いと言ったなら、何が何でも集めて持って行かなければなりません。それができないと、また、これだからよそ者は役に立たないと、先生には大げさに顔をしかめられ、同級生には陰口《かげぐち》をたたかれるに決まっています。

「よそ者」といっても、和子がこの村に越《こ》してきたのは生後五か月のときです。生まれてからこのかた、ほとんどここで育ったと言ってもいいのですが、それでも和子はれっきとしたよそ者でした。

和子の父親・鈴木弼美《すずきすけよし》は、東京の大学で勉強をしているときに内村鑑三《かんぞう》という有名な聖書《せいしょ》学者が開いていた聖書《せいしょ》研究会に出席するようになり、自分もクリスチャンになりました。

それから数年後、大学で教えていた弼美《すけよし》は、「外国の宣教師《せんきょうし》が行かないような山奥の村に、キリストのことを伝えに行こう」という内村鑑三《かんぞう》の呼《よ》びかけに応《おう》じて、山形県の山奥《やまおく》にある小国郷《おぐにごう》という地域《ちいき》に移住《いじゅう》をすることにしました。

弼美《すけよし》が移《うつ》り住んだ家は、集落と集落の間にぽつんと一軒離《いっけんはな》れて建っていたため、和子は小学校に上がるまで同じ年頃《としごろ》の子どもたちと遊んだことがほとんどありませんでした。

そのため、話すことばも父や母と同じ東京のことばで、山形のことばは聞けば意味はわかりますが、話せるようになったのは小学校に入ってからのことです。

あまり外に出なかった和子は体力的にもあまり強くなく、雪道の登校などは本当に苦労しました。踏《ふ》み固めた雪の道を、子どもたちは上級生を先頭に、そして一番後ろも上級生にして下級生をはさみ、一列になって歩いて行きます。和子はいつもそのスピードについて行けず、一番後ろの上級生に「ほら、また遅《おく》れてるよ！」といらだたしげにせかされながら必死で前の子を追っていくのでした。

小国《おぐに》は、冬になると雪が三メートルも四メートルも積もる「豪雪地帯《ごうせつちたい》」と呼《よ》ばれる地域《ちいき》です。農家は、田んぼや畑だけでは食べていけず、炭焼きなどもしながら何とか食べていくような、貧《まず》しい村でした。

弼美《すけよし》は、そんな村に学校を作ろうと思いました。貧《まず》しい農家の子どもたちは、長男以外、いずれ家を出て自分で自分を養っていかなければなりません。そんな子どもたちが自立する助けとなり、生きる意味を見つける助けとなるような教育をしたいと思って、自分の家を教室として「基督教独立学校《きりすときょうどくりつがっこう》」を創立《そうりつ》したのです。

「学校」といっても最初の生徒は二人だけ。それでも、勉強のほかに、弼美《すけよし》が作った発電機を使って製材《せいざい》の仕事も教えてもらいながら、新しい知識《ちしき》を吸収《きゅうしゅう》する生徒たちの顔は生き生きと輝《かがや》いていました。

しかしそれは、日本に忍《しの》び寄《よ》る戦争の影《かげ》が、日増《ひま》しに濃《こ》くなっていった時代でもありました。和子が四歳《よんさい》になる頃《ころ》、父・弼美《すけよし》は技術将校《ぎじゅつしょうこう》として飛行機造《づく》りに関わるため東京にある航空工廠《こうくうこうしょう》に招集《しょうしゅう》され、基督教独立学校《きりすときょうどくりつがっこう》は休校になってしまいました。

やがて、弼美《すけよし》がようやく東京から帰って来た年に太平洋戦争が始まり、小学校に上がった和子は、学校で「耶蘇《やそ》」とか「スパイ」などと陰口《かげぐち》をたたかれるようになりました。「耶蘇《やそ》」というのは、その頃《ころ》の言葉で「イエス」のことで、キリスト教やクリスチャンは、「耶蘇《やそ》」と呼《よ》ばれていたのです。「耶蘇《やそ》」は戦争中、他の皆《みな》と同じように「天皇陛下《てんのうへいか》は現人神《あらひとがみ》（人間の姿《すがた》をした神）である」と信じないことを責《せ》められていました。弼美《すけよし》が村の助けになるかもしれないと思って、製材《せいざい》をするために作った水力発電機も、「スパイの道具だ」とうわさされました。

そんなふうでしたから、和子はいつも、自分がほかの子とは違《ちが》う目で見られていることを知っていて、何か失敗をすれば「だからよそ者は……」と言われてしまうこともわかっていたのです。

だから、ドングリ集めも、雪道の登校も、ほかの子と同じようにやってのけ、目立たないようにしたいというのが和子の願いだったのですが、残念なことにそれはかなわぬ願いでした。

太平洋戦争が始まって三年目の六月。ある朝、和子の家の前に一台のトラックが止まりました。いつも来る材木を運ぶトラックではありません。どこの車だろうと窓《まど》から見ていると、背広《せびろ》を着た男の人たちが何人か降《お》りて来て、玄関《げんかん》の戸を激《はげ》しくたたきました。

弼美《すけよし》が表情《ひょうじょう》を硬《かた》くしながら戸を開けると、男の人たちはドヤドヤと家の中に上がり込《こ》み、本棚《ほんだな》の本を片《かた》っ端《ぱし》から畳《たたみ》の上に投げて中を調べ始めました。弼美《すけよし》のノートや手紙なども探《さが》し出し、勝手に持ち出そうとしています。

和子の母は少し青ざめた顔をしながらも、泣きもわめきもせず、口を固く結んでいました。和子と目が合うと、和子のほうに歩み寄《よ》ってその肩《かた》を抱《だ》き寄《よ》せ、「あの人たちのすることをよく見ていなさい」と言いました。

やがて、大量の本やノートを運び出した男たちは、弼美《すけよし》に身支度《みじたく》をするように命じました。慌《あわ》ただしく用意をすませた弼美《すけよし》は、玄関《げんかん》で靴《くつ》を履《は》きながら和子を呼《よ》びました。

そして、和子の目をじっとのぞき込《こ》むと、「和子。『幸いなるかな、義《ぎ》のために責《せ》められたる者。天国はその人のものなり。わがために人、汝《なんじ》らを罵《ののし》り、また責《せ》め、いつわりて様々の悪しきことを言う時は汝《なんじ》ら幸いなり。喜《よろこ》び喜《よろこ》べ。天にて汝《なんじ》らの報《むく》いは大なり。汝《なんじ》らより前にありし預言者《よげんしゃ》などをもかく責《せ》めたりき』※1だよ」と言い残し、男たちに連れられて行ってしまったのです。

少し後でわかったことですが、古くからの小国郷《おぐにごう》の住人で、弼美《すけよし》の伝道によりクリスチャンになってからは、よき理解者《りかいしゃ》として学校の働きなどに大きく協力してくれていた渡辺弥一郎《わたなべやいちろう》も、同時に逮捕《たいほ》されていました。

弼美《すけよし》たちを連れていった男たちは「特別高等警察《けいさつ》」（通称《つうしょう》・特高）と言って、「日本という国を脅《おびや》かす者を取り締《し》まる」ことがその役割《やくわり》です。その特高がなぜ弼美《すけよし》を「日本を脅《おびや》かしている」と判断《はんだん》したかというとそれは、弼美《すけよし》や弥一郎《やいちろう》が天皇《てんのう》を神と認《みと》めなかったからでした。また、弼美《すけよし》は「この戦争は間違《まちが》っている」「日本はこの戦争に勝つことができない」とも明言していました。

それらの発言が、日本という国に敵対《てきたい》することだとして逮捕《たいほ》されてしまったのです。

弼美《すけよし》はこうなるかもしれないことを予感していました。正しいことを言ったがために迫害《はくがい》された人々の話は、聖書《せいしょ》の中にもたくさん出てきます。聖書《せいしょ》はそういう人たちに、「正しいこと（義《ぎ》）のために迫害《はくがい》される人は、神がその苦しみに報《むく》いてくださる」と教えています。それが、弼美《すけよし》が和子に言い残していった聖書《せいしょ》のことばの意味でした。

五年生の和子には、そういったことの意味のすべてはわかりませんでしたが、何か大変なことが起こったのだということはわかりました。そして、それは父・弼美《すけよし》が、周りの人々とは違《ちが》う信念をもち、違《ちが》うことを言っていたせいなのだろうということもわかりました。

けれども、父の言っていたことが逮捕《たいほ》されなければならないような悪いことだったとはどうしても思えません。父は、「私《わたし》は日本を愛している。愛しているからこそ、悪いことは悪いと言う」と言い、航空工廠《こうくうこうしょう》で働いていた経験《けいけん》から「日本は今、金属《きんぞく》が圧倒的《あっとうてき》に不足している。だから飛行機を新しく造ることもできず、そんな状態《じょうたい》で戦争に勝てるわけがない」と言っていました。

ほかの人と違《ちが》う意見をもっていたり、違《ちが》うことを信じていたら逮捕《たいほ》されてしまうのだろうか。父はこれからどうなってしまうのだろうか。和子の心は混乱《こんらん》と不安でいっぱいになりました。

翌朝《よくあさ》、学校に行くと、生徒たちが和子の姿《すがた》を見てこれ見よがしにひそひそとうわさ話を始めましたが、もともとよそ者扱《あつか》いに慣《な》れていた和子は大して驚《おどろ》きもせず、自分の席について本を読み始めました。

弼美《すけよし》が逮捕《たいほ》されたあとも、以前と変わらない態度《たいど》で和子たちに接《せっ》してくれた人々もいました。田んぼや畑仕事を手伝ってくれていた五郎《ごろう》さんは以前と同じように、いえ、それ以上に一生懸命《いっしょうけんめい》、製材《せいざい》の仕事も、飼《か》っていた牛の世話も引き受けて、和子たち家族を助けてくれました。

和子の母・ひろは、留置場《りゅうちじょう》に入れられている弼美《すけよし》に会いに行くために、朝、まだ暗いうちに家を出ると、一番近い駅まで二時間半歩いてたどりつき、そこからまた何時間も電車に乗って行きました。帰ってくるのは、夜もとっぷり暮《く》れてからになります。

そんな苦労をして差し入れの食料を持っていっても、意地悪な看守《かんしゅ》に当たってしまうと、「こんなもの、腐《くさ》るから持ってくるな」と突《つ》っ返されたり、弼美《すけよし》に会わせてもらえないこともありました。

それでも、親切な看守《かんしゅ》もいて、荷物を渡《わた》してもらえることもあったし、面会を許《ゆる》されることもあったので、ひろは何度も弼美《すけよし》を訪《たず》ねていきました。

そうこうするうちに夏が来て、秋が過《す》ぎ、ついに雪が降《ふ》り始めると、小国郷《おぐにごう》はあっという間に一面が綿《わた》をかぶったようになり、道と畑の区別もつかなくなります。雪がない時でさえ一日がかりだった面会を、ひろも諦《あきら》めざるを得《え》ませんでした。留《りゅう》置場《ちじょう》では、弼美《すけよし》と弥一郎《やいちろう》が、お互《たが》いへの差し入れを分け合い、励《はげ》まし合いながら、祈《いの》りを重ねていました。

弼美《すけよし》のいないクリスマスが過《す》ぎ、正月が過《す》ぎていきました。前の年から降り続いた雪は屋根の高さを超えるほどです。その降りつもった雪の上を、前に歩いた人の踏み跡をたどって雪道ができます。

その雪道を通って、二月のある日、弼美が帰ってきました。何の知らせもないままの突然《とつぜん》の帰宅《きたく》でした。この時代、特高に連れていかれた人は、激《はげ》しい拷問《ごうもん》を受けて障害《しょうがい》を負ったり、病気になったりすることも多く、時には殺《ころ》されてしまうことさえありましたが、幸いなことに弼美《すけよし》たちはあまり手荒《てあら》な扱《あつか》いは受けずにすみ、逮捕《たいほ》から八か月後の真冬のある日、留置場《りゅうちじょう》から放り出されるようにして解放《かいほう》されたのです。弥一郎《やいちろう》も、顔面神経痛《しんけいつう》をわずらってはいましたが、無事に帰ることができました。

戦況《せんきょう》はますます悪化し、日本はどんどん追いつめられ、軍隊も警察《けいさつ》も国民もピリピリしていた時期に、弼美《すけよし》たちが無傷《むきず》で家に帰されたことは不思議なくらいの幸運でした。

家を出て行くときに「幸いなるかな、義《ぎ》のために責《せ》められたる者」という聖書《せいしょ》のことばを言い残していった弼美《すけよし》は、帰宅《きたく》するとすぐにひろと和子を呼《よ》び寄《よ》せ、今度

は「エホバよ願くはわれらの俘囚《とらはれびと》をみなみの川《かは》のごとくに歸《かへ》したまへ　涙《なみだ》とともに播《ま》くものは歡喜《よろこび》とともに穫《かりと》らん　その人は種をたづさへ涙をながしていでゆけど禾《た》束《ば》をたづさへ喜《よろこ》びてかへりきたらん」※2という聖書《せいしょ》の箇所《かしょ》を開いて読みました。

寒い部屋に灯がともったようなひとときでした。和子は、家の中に父の声がするということがこんなにも嬉《うれ》しく、心強いことなのかと思いながら聖書《せいしょ》のことばに聞き入っていました。

それから半年後の八月。戦争は終わりました。和子の学校では、生徒たちがみな校庭に集められ、悲痛《ひつう》な顔をした校長先生は、口を開こうとしたとたん、こらえきれないというようすでくるっと後ろを向くと、泣き出してしまいました。

子どもたちはあっけにとられてその姿《すがた》を見つめていましたが、やがてみんなも下を向いてすすり泣き始めました。和子は、父に教えられて、いずれこの戦争は日本が負けて終わるのだと思っていたので特別驚《おどろ》きもせず、涙《なみだ》も出てこなかったので、ただ黙《だま》ってうつむいていました。

すると次の日、和子に向かって「あんた、昨日、校長先生にむかってあっかんべーをしていたよね」と言う子がいて、和子は心底びっくりしてしまいました。

和子や和子の家族が信じていたとおりになったような気がして悔《くや》しくて飛び出した言葉だったのかもしれませんが、そのうわさはたちまち広がり、一時は戦争中よりひどいくらいの仲間はずれにされてしまいました。

けれども、戦争は終わったのだという安堵感《あんどかん》と解放感《かいほうかん》がだんだん浸透《しんとう》してくると、友達の態度《たいど》も少しずつ変わってきました。「スパイの子」と言われることもなくなり、今まで仲間はずれにしていたことを忘《わす》れ、前からの友達だったようなそぶりを見せ始める周りの子の変化を、和子は冷静な目で眺《なが》めていました。

和子にとって悲しかったことは、田畑の仕事を手伝ってくれていた五郎《ごろう》さんが、「弼美《すけよし》先生に言われたから」と止めていた深酒を、玉音《ぎょくおん》放送（天皇が敗戦を告げたラジオ放送）のあったその日から、また始めてしまったことでした。五郎《ごろう》さんのように、敗戦と同時に心の糸が切れてしまったかのように空《むな》しさを抱《かか》え込《こ》んだり、自《じ》暴自棄《ぼうじき》に陥《おちい》る人たちが、当時の日本にはたくさんいたのです。

終戦の翌年《よくとし》、国民学校を卒業する和子に、弼美《すけよし》は思いがけない進路を用意していました。小国《おぐに》から遠く離《はな》れた東京の世田谷にある恵泉《けいせん》女学園に行きなさい、と言うのです。なぜそんな遠い所へ、と和子は驚《おどろ》きましたが、その理由は、恵泉《けいせん》女学園を創設《そうせつ》した河井道《かわいみち》という女性にありました。

河井《かわい》道は、新渡戸稲造《にとべいなぞう》の弟子として若《わか》い頃《ころ》にアメリカに留学《りゅうがく》したことのある人で、戦争が始まる直前には、キリスト教連盟《れんめい》の平和使節団《しせつだん》として再《ふたた》び渡米《とべい》し、アメリカのクリスチャンと心を合わせて平和を求める祈《いの》りをささげていました。

弼美《すけよし》の師である内村鑑三《かんぞう》と新渡戸稲造《にとべいなぞう》とは、札幌《さっぽろ》農学校時代の同級生です。また、河井《かわい》道も戦時中は、恵泉《けいせん》女学園に神棚《かみだな》を祭ることを断固拒否《だんこきょひ》し、警察《けいさつ》に連行されたことがありました。弼美《すけよし》にとっては、大変身近に感じると同時に、尊敬《そんけい》と信頼《しんらい》を置ける人だったのです。

父に連れられて行った東京は、まだあちらこちらが焼け野原でした。

恵泉《けいせん》女学園は河井《かわい》道の家の敷地《しきち》内にあり、道の家につながるようなかたちで、河《かわ》井寮《いりょう》と呼《よ》ばれる寮《りょう》もあり、そこに十数人の女学生が暮《く》らしていました。国民学校（今で言うなら小学校）を卒業したばかりの和子は最年少です。まだ幼《おさな》さの残る和子を、道は毅然《きぜん》とした中にも優《やさ》しさが浮《う》かぶ表情《ひょうじょう》で迎《むか》えてくれました。

こうして、朝晩《あさばん》の礼拝《れいはい》や食事を河井《かわい》道と共にする恵泉《けいせん》女学園での暮《く》らしが始まりました。道は七十に手が届《とど》こうという年齢《ねんれい》でしたが、いつも堂々《どうどう》として気品があり、町で横暴《おうぼう》なふるまいをしているアメリカの兵隊を見かけると、ためらうことなくきれいな英語で注意をするような人でした。注意された米兵も、道の威厳《いげん》に満ちた姿《すがた》を見ると、まるで自分の親に叱《しか》られたような顔になり、こそこそとその場を去っていきました。

恵泉《けいせん》女学園の生徒たちはみな、このような道にあこがれと尊敬《そんけい》の思いを抱《いだ》き、和子もその例外ではありませんでした。和子の顔色が悪いからと、道が毎朝自分の部屋に和子を招《まね》き入れ、体に良いというヘモと呼ばれる飲み物を飲ませてくれるのを、うれしさ半分、周囲《しゅうい》への遠慮《えんりょ》半分で複雑《ふくざつ》な顔をしていると、上級生の一人が「和子ちゃん、そういうことは感謝《かんしゃ》してお受けするものよ」と言ってくれたので、ようや

くホッとしたこともありました。

一九四七年。和子が恵泉《けいせん》に入った翌年《よくとし》に、「日本国憲法《けんぽう》」が誕生《たんじょう》しました。その内容《ないよう》は、和子が国民学校で教えられていたこととはまったく違《ちが》うことだらけです。

社会の教科書には、「あたらしい憲法《けんぽう》のはなし」という文章が載《の》っていて、そこにはこう書いてありました。


「国では、だれが『いちばんえらい』といえるでしょう。もし国の仕事が、ひとりの考えできまるならば、そのひとりが、いちばんえらいといわなければなりません。もしおおぜいの考えできまるなら、そのおおぜいが、みないちばんえらいことになります。もし国民ぜんたいの考えできまるならば、国民ぜんたいが、いちばんえらいのです。こんどの憲法《けんぽう》は、民主主義《しゅぎ》の憲法《けんぽう》ですから、国民ぜんたいの考えで国を治めてゆきます。そうすると、国民ぜんたいがいちばん、えらいといわなければなりません。」

「憲法《けんぽう》は、天皇陛下《てんのうへいか》を『象徴《しょうちょう》』としてゆくことにきめました。」

「いまやっと戦争はおわりました。二度とこんなおそろしい、かなしい思いをしたくないと思いませんか。こんな戦争をして、日本の国はどんな利益《りえき》があったでしょうか。何もありません。ただ、おそろしい、かなしいことが、たくさんおこっただけではありませんか。戦争は人間をほろぼすことです。世の中のよいものをこわすことです。……こんどの憲法《けんぽう》では、日本の国が、けっして二度と戦争をしないように、二つのことをきめました。その一つは、兵隊も軍艦《ぐんかん》も飛行機も、およそ戦争をするためのものは、いっさいもたないということです。これからさき日本には、陸軍も海軍も空軍もないのです。これを戦力の放棄《ほうき》といいます。『放棄《ほうき》』とは『すててしまう』ということです。」

終戦翌年《よくねん》の一九四六年、日本の新しい教育について話し合う教育刷新《さっしん》委員会の唯一《ゆいいつ》の女性《じょせい》委員に選ばれた道は、教育の目的について、「憲法《けんぽう》に合わせて、平和ということを出していただきたい」と意見しました。その結果、教育基本法《きほんほう》が定める「教育の目的」は「人間性《にんげんせい》の開発をめざし、民主的平和的な、国家及《およ》び社会の形成者として、真理と正義《せいぎ》とを愛し、個人《こじん》の尊厳《そんげん》を尚《たっと》び、勤労《きんろう》と協和とを重んずる、心身共に健康な国民の育成を期するにあること」となったのです。

戦後の日本の教育がどのようなものであるべきか、それを論議《ろんぎ》する場にただ一人の女性《じょせい》として招《まね》かれた河井《かわい》道は、戦争を止めたいと切実に願いながらかなわなかった無念な思い、暗黒の戦争時代をくぐり抜《ぬ》ける間も決して変わらなかった信念を、新しい時代の教育に希望を込《こ》めて託《たく》したのでした。そんな道のすぐそばで直接《ちょくせつ》教えを受けていた和子でしたが、あっという間に二年が過《す》ぎ、いよいよ最終学年というときに、弼美《すけよし》は和子に「小国《おぐに》でキリスト教独立《どくりつ》学園高等学校を始めるから、戻《もど》ってきてそこに入りなさい」と告《つ》げました。国民学校を卒業した時に「東京に行きなさい」と言われたのも突然《とつぜん》でしたが、今回も、恵泉《けいせん》女学園を卒業するとばかり思っていた和子には寝耳《ねみみ》に水の指示《しじ》です。

和子は、もう少し道先生のそばにいて、ここでの学業を最後まで終えたいと渋《しぶ》りましたが、道に「お父様があなたを必要としていらっしゃるのだから、小国《おぐに》に帰ってあながたするべきことがあるのではないですか」と諭《さと》されると、それ以上我《が》を張《は》るわけにはいかない気がするのでした。

和子の在学中《ざいがくちゅう》、弼美《すけよし》は用があって東京に来るたびに恵泉《けいせん》女学園にも立ち寄《よ》り、道と長いこと話し込《こ》んでいましたが、後から振《ふ》り返ればその頃《ころ》は「基督教独立学校《きりすときょうどくりつ》」を、戦後の新しい教育制度《せいど》に沿《そ》った新制《しんせい》高等学校にしようと画策《かくさく》している頃《ころ》で、自分も苦労して恵泉《けいせん》女学園を立ち上げた河井《かわい》道が、弼美《すけよし》の相談に乗ったり、手続きを教えたりしていたのでした。

一九四八年。和子は後ろ髪《がみ》を引かれる思いで恵泉《けいせん》女学園に別れを告《つ》げ、基督教《きりすときょう》独立《どくりつ》学園高等学校の第一期生になりました。校舎《こうしゃ》は弼美《すけよし》の自宅《じたく》で、教師《きょうし》たち数名、家から通えない生徒たちもそこに住み、小さな共同体としての学校が始まったのです。

独立《どくりつ》学園の授業《じゅぎょう》料は、他の学校よりもずっと安くしてありましたが、それでも払《はら》えない家庭がたくさんあるだろうことを知っていた弼美《すけよし》は乳牛《にゅうぎゅう》を買い、生徒たちがその牛の世話をして乳《ちち》をしぼってもってきたら、それを授業料《じゅぎょうりょう》として受け取ることにしました。そこで生徒たちは授《じゅ》業《ぎょう》が始まる前にまず牛小屋に行き、作業をして、乳《ちち》しぼりをし、牛乳《ぎゅうにゅう》をつめた缶《かん》を背負《せお》って登校しました。

その牛乳《ぎゅうにゅう》でバターを作り、冷蔵庫《れいぞうこ》のない時代でしたから山の中の冷たい湧《わ》き水のそばで保管《ほかん》しておいて、弼美《すけよし》が東京に用事があって出かけて行くときに、それを持って行って学園を応援《おうえん》してくれる人たちに買ってもらったのです。

和子の母・ひろが結婚《けっこん》する時にもってきたタンス二竿《さお》分の着物は、この時代にすべてお米などの生活必需品《ひつじゅひん》に変

わってしまうほど、貧《まず》しいぎりぎりの生活でしたが、弼美《すけよし》をはじめとする教師《きょうし》たち一人ひとりの心は燃《も》えていました。

学園の教育方針《ほうしん》は五つです。

一、神を畏《おそ》れる人間を育てる。

二、天然（自然）から学ぶ人間を育てる。

三、労働する人間を育てる。

四、自ら学ぶ人間を育てる。

五、平和を創《つく》り出す人間を育てる。

学園での生活は貧《まず》しくても、教育は豊《ゆた》かでした。二十名に満たない生徒のために、内村鑑三《かんぞう》の門下生たちがはるばる小国《おぐに》までやって来て出張授業《しゅっちょうじゅぎょう》や講演《こうえん》をしてくれたのです。古代のハスの種を発見し発芽させたことで有名な大賀一郎博士《おおがいちろうはかせ》や、東京大学の総長《そうちょう》になった矢内原忠雄《やないはらただお》先生も、南原繁《なんばらしげる》先生もやってきました。山奥《やまおく》の小さな質素《しっそ》な校舎《こうしゃ》で学ぶ貧《まず》しい生徒たちの上に、名のある教育者たちの情熱《じょうねつ》が惜《お》しげもなく注がれていました。

それから七十年あまりが過《す》ぎました。八十代も半ばにさしかかった和子は、朝の身支度《みじたく》を終え、朝食をとるために夫と一緒《いっしょ》に学園の食堂《しょくどう》に向かいます。

父の要請《ようせい》によって基督教独立学園《きりすときょうどくりつ》高等学校の一期生として戻《もど》ってきて以来、和子の人生の大半は、学園と共にありました。大学入学のために一度は小国《おぐに》を離《はな》れましたが、その後、独立《どくりつ》学園の教師《きょうし》だった夫と結婚《けっこん》し、和子も学園の教師《きょうし》となり、その後は、別の学校の創立《そうりつ》の手伝いのためによその地に暮《く》らした数年間を除《のぞ》いては、ずっと学園の敷地《しきち》内に建ててもらった自宅《じたく》で暮《く》らしています。

食堂《しょくどう》では、朝の作業を終えた生徒たちも次々に集まってきて、配膳《はいぜん》を始めていました。今はもちろん、学費《がくひ》代わりに牛乳《ぎゅうにゅう》を納《おさ》める制度《せいど》はありませんが、生徒たちは部活動として、牛、豚《ぶた》、鶏《にわとり》を飼《か》い、米、豆、野菜を育て、それらを食べながら暮《く》らしています。

全校生約七十名と教師《きょうし》たち、和子夫妻《ふさい》がそろい、食前の祈《いの》りとともに、今日も独《どく》立《りつ》学園の一日が始まります。生徒たちは、授業《じゅぎょう》や講演会《こうえんかい》を通して知る世界の情勢《じょうせい》の中で平和について考えたり、授業《じゅぎょう》時間だけでなく、寝食《しんしょく》を共にしながら二十四時間一緒《いっしょ》に過《す》ごす友達とのつきあいの中で、少なからぬ摩擦《まさつ》も経験《けいけん》しながら、身近な隣人《りんじん》との平和について悩《なや》みながら学んでいるのです。

澄《す》んだ空気がだいぶ冷たくなってきた十月のある日、和子は久《ひさ》しぶりに学園の裏《うら》山《やま》を散歩してみることにしました。

紫《むらさき》や白の桔梗《ききょう》、リンドウ、あざみが咲《さ》く裏山《うらやま》の坂道を上っていくと、てっぺんに小さな東屋のようなコンクリートの建物が建っています。弼美《すけよし》とひろ、そして創立《そうりつ》当時の苦労を共にした教師《きょうし》たちの遺骨《いこつ》が眠《ねむ》る納骨堂《のうこつどう》です。

下のほうから、生徒たちの合唱の声が聞こえてきました。この学園の生徒たちは個性派《こせいは》ぞろいで、内気な子もいれば騒々《そうぞう》しい子もいるし、一見やる気がなさそうに見えながら次から次に面白いことを思いつく子もいれば、物造《ものづく》りの得意《とくい》な子、山登りが大好きな子、大の読書家、と、さまざまです。

それでも合唱をするとなると、不思議に調和のとれた歌声が響《ひび》くのを嬉《うれ》しい気持ちで聞きながら、和子は心のなかでつぶやきました。

「大事なのは、一人ひとりを大切にする生き方。そして、何が正しいのかということを、『そうしろと言われたから』という流れに流されないで見極める力を持つこと。その二つのことが失われていたあの時代に戻《もど》らないために、あなたたちは今、ここで、それをしっかり学んでね」

※1新約聖書・マタイの福音書五章一〇〜一二節、※2旧約聖書・詩篇一二六篇四〜六節（文語訳）

◆鈴木弼美（すずき・すけよし）

一九八九年、山梨県に生まれた鈴木《すずき》の家は大変裕福《ゆうふく》でした。父は何百年も続いた甲斐絹《かいき》問屋・鈴木商店を東京で経営《けいえい》しており、鈴木《すずき》が大学生の時に代々木に建てた家は、約千五百坪《つぼ》の敷地《しきち》にテニスコートが二面ある大邸宅《ていたく》で、設計《せっけい》したのは軽井沢《かるいざわ》ユニオンチャーチの建築《けんちく》でも有名なヴォーリズでした。

弼美《すけよし》は、東京帝国《ていこく》大学（現・東京大学）在学中に、このヴォーリズの勧《すす》めもあり、内村鑑三《かんぞう》の聖書研究会に出席するようになり、やがて、自分の専門《せんもん》であった物理学の真理より、キリスト教信仰《しんこう》の真理のほうが偉大《いだい》だと悟《さと》り、これに一生をささげる決意をします。

大学卒業後、ヴォーリズの事業を手伝ったり、東京帝国《ていこく》大学理学部の助手をしたりしていた弼美《すけよし》ですが、その間、内村の「宣教師《せんきょうし》の入らない僻地《へきち》にも福音を」という呼《よ》びかけに答えて山形県の小国《おぐに》伝道に携《たずさ》わりました。

やがて、この雪深い山奥《やまおく》の貧《まず》しい村に学校を建て、そこを母体とした伝道をしたいと志《こころざ》すようになった弼美《すけよし》は、大学を退職《たいしょく》し、小国郷津川村《おぐにごうつがわ》叶水《かのみず》に移り住み、私財《しざい》をつぎ込《こ》んで基督教独立《きりすときょうどくりつ》学校を創設《そうせつ》するのです。

◆内村鑑三（うちむら・かんぞう）

一八六一年、上州高崎藩《はん》の武士《ぶし》の子として生まれ、幼《おさな》い頃《ころ》から父に儒《じゅ》

教《きょう》的な教育を受けながら育ちました。

十六歳《さい》の時、札幌《さっぽろ》農学校（後の北海道大学）の第二期生として入学すると、一期生は当時の教頭W・S・クラーク博士《はかせ》の影響《えいきょう》でみなキリスト者になっており、一期生に猛然《もうぜん》と伝道をしていました。内村は最後まで抵抗《ていこう》していたのですが、抗《あらが》いきれず、なかば強制的《きょうせいてき》に「イエスを信じる者の誓約《せいやく》」という書面に署名《しょめい》させられました。

しかし、一方で内村は、「信仰《しんこう》を受け入れまいと抵抗《ていこう》していたときから、すでに、宇宙《うちゅう》にはただ一つの神が存在《そんざい》するだけで他に神はいないと感じていた」と語っています。

札幌《さっぽろ》農学校卒業後、内村はアメリカの、クラーク博士《はかせ》の母校であるアマスト大学に留学《りゅうがく》します。このとき、大学の総長《そうちょう》から「自分のうちばかり見ないで、十字架《じゅうじか》上のイエスを仰《あお》ぎ見なさい」と諭《さと》され、初めて、信仰《しんこう》とは神の無限《むげん》の愛を信じ、自らをそれにゆだねることであると目が開かれました。

その点で、非常《ひじょう》に意味深い留学《りゅうがく》体験ではありましたが、同時に、理想のキリスト教国だったはずのアメリカにも犯罪《はんざい》や激《はげ》しい人種差別があることを身をもって体験し、失望した側面もありました。

これならば、自分の中に根差す武士《ぶし》道のほうが、はるかにキリスト教的だと思うようになった内村は、日本的なキリスト教について思索《しさく》するようになり、やがて自分は「ふたつのJ」(Jesus と Japan) のために生きる、という答えに行き着きます。

このように日本という国を愛した内村でしたが、帰国後、教員時代に、明治天皇《てんのう》直筆の教育勅語《ちょくご》に最敬礼《けいれい》をしなかったために国賊《こくぞく》の汚名を着せられる「不敬事件《ふけいじけん》」が起きました。この時代は「日本を愛しているが、天皇《てんのう》を神だとは思わない。政府《せいふ》がいつも必ず正しいとも思わない」という考え方が認《みと》められなかったのです。国のいうことすべてに文句《もんく》なしに従《したが》うことを強制《きょうせい》される時代が二度と来ないことを願わずにはいられません。

◆新渡戸稲造（にとべ・いなぞう）

一八六二年、岩手県・南部藩《はん》の藩士《はんし》の子として誕生《たんじょう》した新渡戸稲造《にとべいなぞう》は、幼《おさな》くして父を亡《な》くしましたが、教育熱心な母に育てられ、十歳《さい》の頃《ころ》、東京で教育を受けるため、叔父《おじ》の養子になり、英語の勉強に励《はげ》みました。

十六歳《さい》で東京外国語学校に入学し、ここで、生涯《しょうがい》の友・内村鑑三《かんぞう》と出会いました。その後、内村と共に札幌《さっぽろ》農学校に入学した新渡戸《にとべ》は、大変な読書家で、初代教頭のクラーク博士《はかせ》が残した本のほとんどを在学中《ざいがくちゅう》に読んでしまったと言われています。

新渡戸《にとべ》の向学心は非常《ひじょう》に強く、いったんは役所の仕事に就《つ》くものの、二年後に東京帝国《ていこく》大学に進学し、その際《さい》の面接《めんせつ》で「将来《しょうらい》は太平洋のかけ橋になりたい」と、国《こく》際《さい》交流の仕事への志《こころざし》を述《の》べました。そして、日本では最高のレベルであった帝国大学の教育にも満足できず、中途《ちゅうと》退学《たいがく》するとアメリカへ留学《りゅうがく》したのです。

その後、ドイツへの留学《りゅうがく》を経《へ》て、札幌《さっぽろ》農学校の教授《きょうじゅ》に就任《しゅうにん》。その三年後には、勤《きん》労《ろう》青年のために、授業料《じゅぎょうりょう》も教科書も無料の夜間学校を設立《せつりつ》しました。しかし、あまりの忙《いそが》しさに体調を崩《くず》し、療養《りょうよう》生活に入った新渡戸《にとべ》は、その間に有名な『武士《ぶし》道《どう》』を執筆《しっぴつ》しました。これは、欧米《おうべい》に向けて、武士《ぶし》道における生き方、死に方、価《か》値《ち》観を英語で紹介《しょうかい》したもので、世界中で大反響《はんきょう》を呼《よ》びました。

その後、京都帝国《ていこく》大学、東京帝国《ていこく》大学の教授《きょうじゅ》を務《つと》めた後、一九二〇年、国際連盟《こくさいれんめい》事務《じむ》局次長に就任《しゅうにん》した新渡戸《にとべ》は、一九二九年には太平洋問題調査《ちょうさ》会の理事長になり、一九三一年に満州事変《まんしゅうじへん》を機に日米関係が悪化し始めると調整に奔走《ほんそう》し、日米関係、日中関係の改善《かいぜん》を模索《もさく》したのです。

◆矢内原忠雄（やないはら・ただお）

一九八三年、曾祖父《そうそふ》の代から医者である教育熱心な家庭に生まれた矢内原忠雄《ただお》は、非常《ひじょう》に勉強のできる子で、五歳《さい》で尋常《じんじょう》小学校への仮《かり》入学を許されるほどでした。中学校は名門・神戸中学校へ、高校は、東京大学の前身である第一高等学校、通称《つうしょう》一高へ進学。

実は、この神戸中学校の鶴崎《つるさき》久米一校長も、一高の新渡戸稲造《にとべいなぞう》校長も、札幌《さっぽろ》農学校の二期生でした。キリスト教への興味《きょうみ》をもち、自分で聖書《せいしょ》を読んだりもしていた矢内原でしたが、一高の二年生になる頃《ころ》、これまた札幌《さっぽろ》農学校の二期生だった内村鑑三《かんぞう》の聖書《せいしょ》研究会に入会し、ここで確《たし》かな信仰《しんこう》をもつようになります。

その後、東京帝国《ていこく》大学に進学し、後に、同大学の教授《きょうじゅ》になった矢内原は、一九三七年に日中戦争が始まると、『中央公論《こうろん》』に「国家の理想」と題した文章を寄稿《きこう》し、国際正義《こくさいせいぎ》と国際平和《こくさいへいわ》を訴《うった》えますが、これは国の圧力によって、全文削除《さくじょ》されます。

それでもひるむことなく、日比谷《ひびや》公園の講堂《こうどう》で「神の国」という講演《こうえん》を行い、中国と日本の両方に即時停戦《そくじていせん》を訴《うった》えつつ、今の日本は戦争によって理想から遠く離《はな》れていると批判《ひはん》しました。

この二つが原因《げんいん》で、矢内原は帝国大の教授《きょうじゅ》の座《ざ》を追われることになりました。

矢内原の糾弾《きゅうだん》もむなしく、日本は日中戦争からやがて第二次世界大戦へと突《つ》き進んでいきますが、敗戦を迎《むか》え、やがて国の再建《さいけん》が始まると、教育改革《かいかく》の中で、東京帝国《ていこく》大学は東京大学へと生まれ変わりました。初代学長は、内村門下生である南原繁《しげる》であり、矢内原は南原の大学改革《かいかく》を助け、一九五一年、南原に次いで二代目の東京大学総長《そうちょう》に就任《しゅうにん》しました。

◆河井 道（かわい・みち）

一八七七年、三重県の、伊勢《いせ》神宮で代々神官を務《つと》める家に生まれました。しかし、明治維新《いしん》に伴《ともな》い、それまで親から子に受け継《つ》がれるものだった神官の仕事がなくなり、河井《かわい》家も苦境《くきょう》に立たされました。そして、北海道開拓《かいたく》に携《たずさ》わることを決めた両親と共に、河井《かわい》は八歳の頃《ころ》に函館に移住《いじゅう》したのです。

河井《かわい》は十歳《さい》になるとミッションスクールであるスミス女学校（後の北星学園）で学ぶようになり、キリスト教主義《しゅぎ》の教育を受けました。

また、このスミス女学校に隣接《りんせつ》する札幌《さっぽろ》農学校からは、新渡戸稲造《にとべいなぞう》が出張講義《しゅっちょうこうぎ》をしに来ており、河井《かわい》はここで、人生の師《し》となる新渡戸《にとべ》と出会ったのです。その後、十九歳《さい》で上京し、津田塾《つだじゅく》大学の創始《そうし》者津田《つだ》梅子の家に寄宿《きしゅく》しながら教育を受けた後、二十一歳《さい》で、新渡戸夫妻《ふさい》に伴《ともな》われて渡米《とべい》し、ペンシルバニア州のプリンマー大学に入学。二十七歳《さい》で帰国すると、女子英学塾《じゅく》（後の津田塾《つだじゅく》大学）の教授《きょうじゅ》に就任《しゅうにん》しました。

この津田塾《つだじゅく》大学で教えている時代、河井《かわい》に心酔《しんすい》する女学生がたくさん現《あらわ》れ、一色ゆりもその一人でした。この一色がアメリカ留学《りゅうがく》中に友人となったボナ・フェラーズは大の日本好きで、戦前に五度も来日して日本研究をしていましたが、その際《さい》に一色に紹介《しょうかい》されて河井《かわい》道とも親交を深めていました。

そして、戦後、マッカーサーの副官として来日したボナ・フェラーズは真っ先に河井《かわい》を探し出し、天皇《てんのう》の処遇《しょぐう》に対する意見を聞き、それをもとにマッカーサーに提《てい》出《しゅつ》する覚書を書いたのです。さらに河井は終戦の翌年には、教育刷新員会の唯一《ゆいいつ》の女性《じょせい》委員となり、教育に「はじめに平和ということを出していただきたい」と意見を述《の》べるなど、戦後の新しい日本を作っていくうえで、非常《ひじょう》に大きな影響《えいきょう》力をもった女性《じょせい》だったのです。

人物相関図

この人たち全部の共通点は、
全員が戦争に反対し、戦時中に迫害《はくがい》を受けていることです

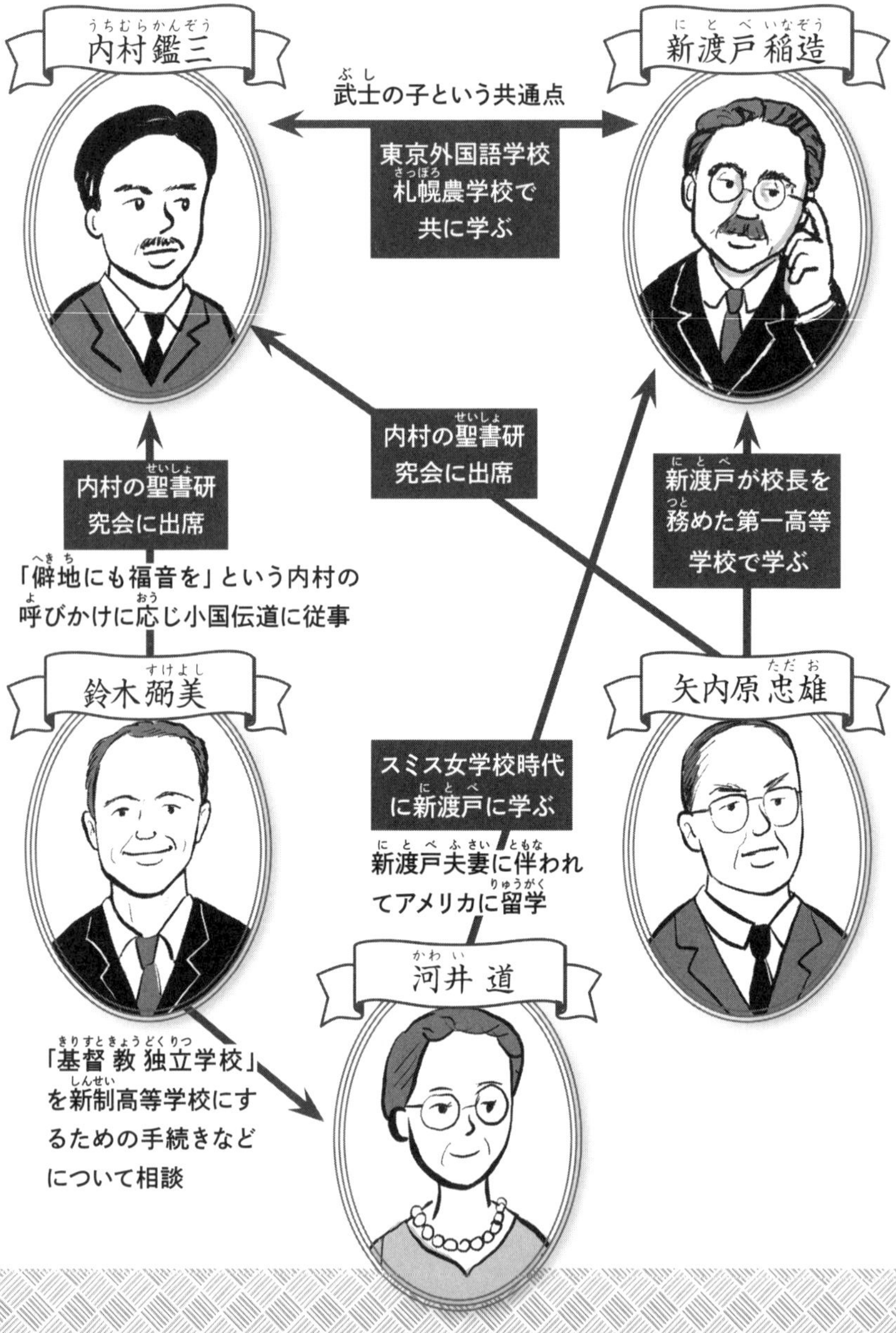

内村鑑三《うちむらかんぞう》
新渡戸稲造《にとべいなぞう》
武士《ぶし》の子という共通点
東京外国語学校
札幌《さっぽろ》農学校で
共に学ぶ
内村の聖書《せいしょ》研
究会に出席
内村の聖書《せいしょ》研
究会に出席
新渡戸《にとべ》が校長を
務《つと》めた第一高等
学校で学ぶ
「僻地《へきち》にも福音を」という内村の
呼《よ》びかけに応《おう》じ小国伝道に従事
鈴木弼美《すけよし》
矢内原忠雄《ただお》
スミス女学校時代
に新渡戸《にとべ》に学ぶ
新渡戸夫妻《にとべふさい》に伴《ともな》われ
てアメリカに留学《りゅうがく》
河井《かわい》 道
「基督 教 独立《きりすときょうどくりつ》学校」
を新制《しんせい》高等学校にす
るための手続きなど
について相談

3章

六千人の命のビザを書いた外交官

杉原千《ち》畝《うね》

漫画　みなみななみ

プロローグ
SEMPO MUSEUM SEMPO
杉原千畝
MUSEUM
センポ※ミュージアム
ここが彼の……！
あなたがミスター・スギハラのお孫さん……？
はい　ようこそおいでくださいました
ああ　うれしいやっとお会いできた
はるばるイスラエルからやってきたかいがあったわ！
ずっと会ってお礼が言いたかった
あなたのおじいさんのおかげで私《わたし》たちは生きのびることができたのだから……！

※杉原千畝氏がリトアニア領事代理時代、自身の名前を音読みし「センポ」と名乗っていた

私《わたし》はポーランド生まれ
けれど戦争が始まり
ナチスドイツによってユダヤ人が大勢殺《おおぜいころ》され
私《わたし》たち家族の命も危《あぶ》なくなって隣《となり》の国のリトアニアに逃《に》げて行った
その時 外交官としてリトアニアにいたミスターセンポ・スギハラが助けてくださった
ねえ センポはあなたにとってはどんなおじいさまだったの？
リトアニアの話は聞いていた？
お優《やさ》しい方だったのでしょうね
そうですね 祖父《そふ》はもの静かでふだん自分のことは…外交官時代のことも語りませんでした
でも祖母《そぼ》や両親からいっぱい教えてもらいました
父
祖父千畝
祖母
私

青年時代
一九〇〇年 岐阜県に 杉原《すぎはら》は生まれた
お前は 医者になれ 医大に行け
嫌《いや》です 私《わたし》は英語 教師《きょうし》に なりたいのです
なら学費《がくひ》は 出さん
一九一八年 家出して 早稲田《わせだ》大学に 入学
破《やぶ》れた紋付羽織《もんつきはおり》に ノート二、三冊《さつ》を 懐《ふところ》にねじ込んで、 ペンを帽子《ぼうし》に 挟《はさ》んで
豪傑然《ごうけつぜん》と 肩《かた》で風を切って歩くのが 何より愉快《ゆかい》
奇天烈《きてれつ》な格好《かっこう》で 通学してるぜ
杉原《すぎはら》は Spinner（変わり者）だ ハハハ
これならどこでも 書くことができる 合理的だよ
しかし授業《じゅぎょう》の ノートは一切取らず 全て暗記していた

※早稲田大学の創始者大隈重信の依頼

親の仕送りがないから
とにかくアルバイトだ
でも学費《がくひ》も全然足りない
生活が苦しい……
そんなある日官報《かんぽう》を読んで
廣告
外務省留學生試驗
大正八年五月
外務省《がいむしょう》が留学《りゅうがく》生募集《ぼしゅう》……学費免除《がくひめんじょ》……
1919年5月23日付「官報《かんぽう》」2039号
学費《がくひ》免除《めんじょ》!
これに合格《ごうかく》したくて図書館に通い猛《もう》勉強
英字新聞英語の雑誌《ざっし》を読みまくり
TIMES
Daily Mail
晴れて合格《ごうかく》
合格

一九一九年（大正八年）
中国、満州のハルビン学院で
ロシア語を学ぶ
ハルビンには
ロシアの建物
ロシア人がとても多かった
露和《ろわ》辞典を割《わ》って
左右のポケットに入れ、
いつでも単語の勉強！
暗記したページは
破《やぶ》って捨《す》てる！
この特訓で
ロシア語をおぼえた
一九二四年（大正一三年）
ハルビン総領事《そうりょうじ》館で
外務《がいむ》省書記生に採用《さいよう》
ロシア
その頃《ころ》、満州は
日本の関東軍が占領《せんりょう》して
植民地のように
なっていた
そのまま

一九三二年（昭和七年）
満州国の建国を
宣言《せんげん》

ロシア
満州
モンゴル
ハルビン
中国
日本海
黄海

満州国建国だって？
日本が勝手に支配《しはい》しているじゃないか
あれはもともと中国だし今も中国のはずだ
前々から満州での日本のやり方はよくない！出て行くべきだ
国連加盟国《かめい》
日本は国際連盟《こくさいれんめい》の非難《ひなん》を受けて脱退《だったい》した
国連に従いたくないし
杉原《すぎはら》！ これからは満洲《まんしゅう》国外交部で君は事務次官《じむ》だ！
ロシアの事情《じじょう》に詳《くわ》しいから頼《たよ》りにしている
外務
はい！よろしくお願いします
一九三三年（昭和八年）北満洲《まんしゅう》鉄道のことでロシアとの交渉《こうしょう》
よい鉄道ですよ六億円なら売りますよ
高すぎるそんな金出せるか！
ロシアめ！もう戦争だ！

戦争じゃなく
話し合うために
自分で行って
よく調べて……
これは……
ロシアの話と
ちがいすぎる…
ボロボロじゃないか
調べたところ
あの鉄道は古く
列車の数も
少なくて……
えー
ロシアの事情《じじょう》に
こんなに
詳《くわ》しいとは……
千畝《ちうね》が担当《たんとう》しロシアの提示《ていじ》より
日本に良い形で交渉《こうしょう》を成立
満鉄が
五億円も安く
手に入った
杉原《すぎはら》のおかげだな
ロシア
満州時代に
千畝《ちうね》は
正教会の洗礼《せんれい》を受けている
洗礼《せんれい》名は
「セルゲイ・パブロビッチ」

中国人はあっちへ行け！
俺《おれ》たちは大日本帝国《ていこく》の関東軍だ
中国人め
日本人がいばり散らして
五族協和※を目標にしそれぞれの民族が強調して暮《く》らす国にするはずではなかったのか……
こんな　人として守るべき道が……人道がないがしろにされている
関東軍の態度《たいど》がほとほと嫌《いや》になった
満洲国外交部
満洲《まんしゅう》国外交部をやめて日本に帰ろう

※満州国の民族政策の標語で「和（日）・韓・満・蒙・漢（支）」の五民族が協調して暮らせる国を目指した

ドイツとユダヤ人
その頃《ころ》 ドイツは
第一次大戦で敗れ
世界恐慌《きょうこう》で失業者が
あふれ どん底だった
一九三三年（昭和八年）一月
ヒトラー
率《ひき》いる
ナチス政権《せいけん》※が
生まれた
栄光ある
ドイツ再《ふたた》び！
生活向上を
約束する！
ヒトラーの
力強い演説《えんぜつ》は
失業者、学生
低所得《しょとく》者ら
多くの心に響《ひび》き
国民の支持《しじ》を受けて
選挙で勝った
ナチスの特徴《とくちょう》は
人種主義《しゅぎ》
反ユダヤ主義《しゅぎ》だった
ドイツ人は「優《すぐ》れた人種」
ユダヤ人は「劣《おと》った人種」
ドイツ人（アーリア人）
こそが
世界を支配《しはい》する人種だ！

※国家社会主義ドイツ労働者党（NSDAP、ナチ党）

ユダヤ人といえば
その歴史《れきし》の始まりは
聖書《せいしょ》に記されている
現在《げんざい》のイスラエルの
地域《ちいき》に紀元《きげん》前から
住んでいた
イスラエル
けれどそこが
いろいろな国に
征服《せいふく》されて
二千年間
ヨーロッパを中心に
バラバラになって行った
リトアニア
イギリス
ドイツ
フランス
オーストリア
ハンガリー
スペイン
チュニス
住むところや
仕事を制限《せいげん》され
ゲットー
ゲットー（ユダヤ人居住《きょじゅう》区）
だけで
暮《く》らせ！
差別の中で
暮《く》らす人も
多かったが
土地を持つことが
ゆるされない分
頑張《がんば》って
仕事をしよう
仕事で成功した
裕福《ゆうふく》な人や
才能《さいのう》がある
芸術《げいじゅつ》家もいた
ロートシルト
マーラー
シャガール

ナチ党《とう》はこう訴《うった》えた
強いドイツを取り戻《もど》そう！
ドイツが貧《まず》しいのはユダヤ人のせい彼《かれ》らがドイツ人の仕事を奪《うば》っているせいだ
一九三五年ニュルンベルグ法制定《せいてい》
ドイツ人の名誉《めいよ》を守る法律《ほうりつ》ができた！
しかし　それはユダヤ人が生活できなくなる人種差別の法律《ほうりつ》だった
ニュルンベルグ
ユダヤ人の会社経営《けいえい》は禁止《きんし》！
ユダヤ人は公務《こうむ》員から追放ドイツ人を雇《やと》え！
ユダヤ人の弁護士《べんごし》は活動禁止《きんし》！
ユダヤ人の店で買うな！
ユダヤ人の医者がみていい患者《かんじゃ》はユダヤ人だけ
ユダヤ人お断《ことわ》りの看板《かんばん》がどの店にも……
もう生活していけない……
売れないよ
ユダヤ人おことわり
ドイツは法律《ほうりつ》に従《したが》って人種差別を行った※
この後、ナチ党《とう》のユダヤ人迫害《はくがい》はどんどんひどくなっていく……
Jude

※ユダヤ人は身分証明書を持ち歩き、黄色い星の印をつけなければならなかった

家族で
リトアニアへ
同一九三五年（昭和十年）一月
帰国した千畝《ちうね》は
外務省
うちに来いよ
職場《しょくば》で知り合った
保険会社《ほけんがいしゃ》の菊池《きくち》と
親しくなり
幸子と出会う
幸子
友人の杉原《すぎはら》だよ
外務省《がいむしょう》に
勤《つと》めているんだ
妹の幸子だ
センポ?
なんだか
画家のような
お名前ね
でなければ
チウネ
でしょうか
私《わたし》の名前を
正しく読めたのは
あなたが初めてだ
幸子さん……

どうして外務省《がいむ》にお入りになったの？
本当は英語の先生になりたかったのですが
学費《がくひ》が稼《かせ》げなくて困《こま》っていた時留学《りゅうがく》試験を受けたら合格《ごうかく》したので……
留学《りゅうがく》してロシア語を勉強し外務省《がいむしょう》に入りました
満州国の外交部でロシア関係の仕事をしましたが
やめて日本に帰ってきました
どうしておやめになったのですか
日本人は満州で中国人に対してひどい扱《あつか》いをしています
同じ人間だと思っていない

それが　がまんできなかったのです
日本が勝手に中国に作った満州国で
日本人は威張《いば》っていたのでしょう……
心のまっすぐな優《やさ》しい方
一九三六年
私《わたし》と結婚《けっこん》してくれないか
その後
パパとママになったね
弘樹
幸子と弘樹《ひろき》がニコライ堂《どう》で洗礼《せんれい》を受ける
洗礼《せんれい》名マリアとヤコブ

一九三七年
フィンランドの日本公使館へ赴任《ふにん》が決まったよ！
家族で行くのね
お姉さん子守は任《まか》せて！
妹 節子
大きな船……
ビルかと思ったね
一九三八年 フィンランド
千暁
今夜も外交のパーティね ここは日本人も他の大使の方も大勢《おおぜい》いるから夜会が多いわ
こどもたち おねがいね
節子が一緒《いっしょ》に来てくれて助かったわ
一九三九年九月
ドイツ軍がポーランドへ侵攻《しんこう》 西半分を占領《せんりょう》
ソビエト連邦《れんぽう》
ドイツ
ポーランド
すぐ後にソ連もポーランドへ侵攻《しんこう》 ポーランドは東と西に二つに分かれてそれぞれ占領《せんりょう》されてしまった

イギリスとフランスはドイツに戦争すると宣言《せんげん》
第二次世界大戦が始まった
一九三九年七月
リトアニアの日本領事館《りょうじかん》に領事《りょうじ》代理として行くことになったよ
リトアニア?
ポーランドの隣《となり》の国だよ
リトアニアの首都カウナス
日本領事《りょうじ》館
フィンランドとはちがって他に日本人もいないし静かな暮《く》らしね
領事《りょうじ》館事務《じむ》官グッジェさん
ボーイのボリスラフさん

お休みの日は
車好きの千畝《ちうね》の運転で
家族でドライブを
楽しんだ
今日は
どこにいくの
牛を見に
行こうね
K125
CD
ソ連が戦争の準備《じゅんび》を
しているか情報《じょうほう》を集めて
日本に知らせ
なければ……
国境《こっきょう》付近に
トラックが……
戦争のための
荷物を積んで
移動《いどう》している……
家族にとっては楽しい
ピクニックだ
仕事のことは気づか
せないようにしよう
一九四〇年五月
カウナスで
晴生
誕生《たんじょう》
晴生

同じ一九四〇年五月
ドイツはデンマーク、オランダ、
ベルギー、フランスを占領《せんりょう》
ヨーロッパのほとんどが
ナチスドイツの
支配下《しはいか》になり
ヨーロッパ各地で
ユダヤ人は捕《つか》まえられ
ゲットーへ
それから
どこかへ
連れて行かれていた……
どこなのか、みんなには
知らされていなかったが
運ばれて行った先は
強制収容《きょうせいしゅうよう》所
ARBEIT MACHT FREI
六百万人のユダヤ人が
そこで死んだことは
後になって
わかったことだった

ナチスに捕《つか》まれば
危険《きけん》なことは
間違《まちが》いない
多くの人が
見つからないように
隠《かく》れ家で暮《く》らしたり
ナチスのいない場所へ
逃《に》げようとしていた
リトアニアでも
戦争がすぐそこに
来ていると感じた
看板《かんばん》になんて書いてあるの？
Juden nicht zugänglich
「ユダヤ人おことわり」だよ
ドイツ語で書いてある
最近はソ連軍の兵隊を見かけるようになったわ
リトアニアはドイツに侵攻《しんこう》されないようにソ連と同盟《どうめい》を組んだからね
ソ連軍が入って来たんだ

一九四〇年七月
それまでのリトアニア政府《せいふ》と
大統領《だいとうりょう》は　追い出されて
東プロイセンへ
バルト海
リトアニア
東プロイセン
（ドイツ領）
ソ連併合地
ドイツ
ドイツ併合地
ソ連
残された議会はソ連と合併《がっぺい》
ソ連寄りの議会になった
街中にはソ連軍が
あっという間に増《ふ》えた
リトアニアはもうすぐ
独立《どくりつ》国では
なくなる
この日本領事《りょうじ》館も
近々
閉めなければ
ならないだろうね

命のビザ
一九四〇年七月十八日朝
ママ　ちょっと窓《まど》から外をのぞいてごらん
パパがお仕事中に来るなんてめずらしい
？
何かしら

まあ
普段《ふだん》は人通りのない静かなところなのに
ポーランドからやって来たユダヤ人難民《なんみん》の人たちが
日本を通るビザを求めて来たのですね
ナチスの迫害《はくがい》のない国へ行くために…
外で話を聞きました ポーランドからのユダヤ人難民《なんみん》で
ボリスラフさん
今は二百人くらいですが この後何千人にもなるそうです

その後も人は
増《ふ》え続けた
叫《さけ》ぶ人
訴《うった》える眼差《まな》し
何かを
祈《いの》るような人
押《お》し留《と》める
グッジェさんと
ボリスラフさん

あんなに大勢《おおぜい》の人が……
ナチ党《とう》はユダヤ人をみんな捕《つか》まえてどこかへ連れて行ってしまうんですって
一九三五年にできたニュルンベルク法でユダヤ人の迫害《はくがい》がひどくなっていく中で
ドイツでは大勢《おおぜい》のユダヤ人が国外へ逃《に》げるため各国の大使館へビザを求めて殺到《さっとう》したけれど
○○大使館
だめです
手を差し伸《の》べる大使館はほとんどなかったと聞いたわ
ポーランドにも戦前は約三百五十万人※のユダヤ人がいたけれど
ドイツに占領《せんりょう》されユダヤ人のお店が壊《こわ》されたり
Skep
ユダヤ教の会堂《かいどう》が焼かれたり
大勢《おおぜい》の人が連れ去られる「ユダヤ人狩《が》り」が行われているんですって

※第二次大戦後、ポーランドのユダヤ人は約五万人に減少

ユダヤ人狩《が》りのある
ポーランドから
逃《のが》れたいけれど
リトアニア
ポーランド
ソ連
ドイツ
&ドイツ同盟国
ドイツ占領地
ドイツ占領地
西側はほとんど
ナチスに占領《せんりょう》されいて
ユダヤ人狩《が》りだらけ
北に逃《に》げて
ようやく
たどり着いたのが
リトアニア
だったのね
その後も ときおり
外のようすを見ていた
ママー
ママ あの人たち
何をしに
きたの?
悪い人に捕《つか》まって
殺《ころ》されてしまうかも
しれないから
助けてくださいって
言っているのよ
パパが
助けてあげるの?
……
……そうですよ
ぎゅ

助けてあげようね
かわいそうだからね
一九三六年に
日本陸軍の要請《ようせい》により
日独防共《にちどくぼうきょう》協定が
結ばれていたので
日本と
ナチスドイツは
協力関係になる
日独防共《にちどくぼうきょう》協定
ユダヤ難民《なんみん》を助ける
ということは
ユダヤ人迫害《はくがい》するドイツに
敵対行為《てきたいこうい》をすることに
なる
もしもナチスに
目をつけられたら
私《わたし》たち家族にも
危険《きけん》が及《およ》ぶかもしれない
それに
何千人ものビザ発行では
日本の外務省《がいむしょう》の
許可《きょか》が必要……

よく眠《ねむ》れない
うーん
次の朝
外務省《がいむしょう》に
電報《でんぽう》を打ってみよう
一人では
決められない
そうしてください
あの人たちのために
ユダヤ人が日本を通って
アメリカなどに行くための
ビザを求め　領事館《りょうじかん》に大勢《おおぜい》
おしかけています。
人道上、どうしても
拒否《きょひ》できません。
という内容《ないよう》の電報《でんぽう》を暗号で送った
外にいる人たちの
代表者五人に
入ってもらい話を聞こう
難民《なんみん》代表の
ゾラフ・バルハフティックです
私《わたし》たちはポーランドから
逃《に》げてきました
日本のビザを
いただきたいのです

この辺りはみんなドイツに占領《せんりょう》されました
もう他に逃《に》げる道が残っていません
日本通過《つうか》ビザがあればソ連を通って日本に行き、そこからアメリカなどへ行くことができます
日本はただ通り過《す》ぎるだけという証明《しょうめい》と
日本についた後目的地へ行けるだけのお金はありますか
今はお金はありませんが向こうに着いたらユダヤ人団体《だんたい》から支援《しえん》をもらって払《はら》います
わかりました
本国外務省《がいむ》の許可《きょか》を電報《でんぽう》で問い合わせています
返事が来るまで数日お待ちください

何日か待ったのち
返事が来た
デン・ポーです
一、パスポートを持っていること
二、十分な旅費《りょひ》があること
三、最終目的地の許可証《きょかしょう》を持っていること
以上三要件《ようけん》を満たしていること
やはりダメなのか
手持ちのお金がない人も 大勢《おおぜい》いる 命がけで逃《に》げて来た 難民《なんみん》だから……
千人は超《こ》えてるね
買い物に出られないので 食べものも 減《へ》ってきました
眠《ねむ》れない…
目の前にいる 困《こま》っている人を 助けてあげたいが
お金もない 難民《なんみん》の状態《じょうたい》では ビザは出せないと 言われている…
もし訓令を 無視《むし》して ビザを出せば 外務《がいむ》省を クビになるかもしれない

クビになったら
子どもたちは
どうなる…
かわいそうだ…
でもあの子たちのほうが
もっと
かわいそうじゃないか
大事なのは
人としての道を
守ること
愛と人道…
満州に
いた時から
そう思っていたじゃないか
それにユダヤの人たちの命を
助けることは
やがて日本の国益《こくえき》にも
なり得《う》るではないか
んぎゃあ
んぎゃあ
パパ
ママ
ソ連からも
八月いっぱいで
領事《りょうじ》館を閉《し》めるように
言われているし

もう領事館《りょうじ》を閉《し》めて みんなで リトアニアを 出てしまおうか
そうすれば いいじゃないか
これだけの人を 置いたまま 私《わたし》たちだけが逃《に》げ るなんて
パパに できないでしょう?
そうだね
私《わたし》を頼《たよ》ってくる人々を 見捨《みす》てるわけにはいかない
ぼくは 外務《がいむ》省に背《そむ》いても 領事《りょうじ》の権限《けんげん》で ビザを出すことにする
いいだろう?
はい、 あとで私《わたし》たちが どうなるか わかりませんけれど そうしてあげてください

外務《がいむ》省をやめることになっても
いざとなればロシア語で仕事もできるし
ナチスに問題にされても家族にまでは手を出さないだろうから大丈夫《だいじょうぶ》だよ
ここに百人の人がいたとしても……
私《わたし》たちのようにユダヤ人を助けるということを考えないだろうね
でも……
それでも私《わたし》たちはやろうか
子どもたちも　私《わたし》も　最悪の場合　命の保証《ほしょう》はない
それでも……
コクン

一九四〇年七月二十九日
皆《みな》さん方に日本通過《つうか》ビザを発給することになりました
わー
さあ忙《いそが》しくなるぞ
一人一人面接《めんせつ》し確認《かくにん》しながら手続きをし
ポーランドで
ナチに
夜遅《おそ》くまでビザを 書いた

日本の外務《がいむ》省から領事《りょうじ》館退去《たいきょ》命令が届《とど》く
ソ連からもすでに出て行くよう命じられていますが
気にするなビザを書き続けよう
食事もろくに取らず書き続けた
退去《たいきょ》命令がさらに届《とど》く
外務《がいむ》省にこのビザの問い合わせを送ってくれ
はい
その返事が来るまでの間はビザを書こう
使いすぎて万年筆が折れた……
つけペンで…
グキ
発行手数料がないんです……
わずかなお金も
そうですね手数料は…省略《しょうりゃく》しましょう
ビザ…

どうぞご無事で
ありがとうございます
やっと順番が回って来ました
わっ
ばっ
どれほど苦しい思いをしてきたのだろう
手が腫《は》れても夜になっても書き続けた
パパ…
もう寝《ね》てる
ばたん
グーグー
手数料取るのも番号を打つのもやめて手間をはぶこう
とにかく一人でも多くビザを発行しよう
OK

一か月近く書き続けた
TRANSIT VISA
八月二十八日
「領事《りょうじ》館を閉鎖《へいさ》して直ちにベルリンへ行け」とついに最後通告《つうこく》だ
もうこれ以上命令を無視《むし》できない
領事《りょうじ》館を閉鎖《へいさ》しホテルへ
METROPOLIS
ホテルでもビザを書いた
九月四日カウナス駅にもビザを求める人々

ゆるしてください みなさん 私《わたし》はもう これ以上 ビザを書くことが できません
ゴトン
ガタン
ありがとう 私たちは あなたを忘れない！ もう一度あなたに お会いしますよ！
スギハラ
パパ ベルリンに 行くんでしょ
ガタン ゴトン
ゴトン ガタン
にこっ

終戦～戦後
ベルリン日本大使館
来栖《くるす》大使とお会いしたけれどビザについての責任《せきにん》は問われなかった
よかった！
信念に従《したが》って命令に背《そむ》いたパパの気持ちを外務《がいむ》省もみのがしてくれたのかもしれないわね
パパも私《わたし》も人間にとって一番大切なのは「愛と人道」だと思っていました
「神は愛である、愛は神である」と聖書《せいしょ》にあります
「異邦《いほう》人であろうと
人間と人間の愛は世界の幸せにつながる」と考えていたことは間違《まちが》っていなかった…

もしあのユダヤ難民《なんみん》がカウナスに来るのがもう少し遅《おく》れていたら
領事《りょうじ》館は閉鎖《へいさ》されていました
closed
この一か月は
時と所と人間が一つになって作り出された奇跡《きせき》的な出来事
私《わたし》たちはこういうことをするために神様につかわされたのではないかしら……
私《わたし》はつくづくそう思ったものです※

※『六千人の命のビザ新版』 杉原幸子著（大正出版 1993 年）

その後ベルリン、プラハ、
ケーニヒスベルクでの勤務《きんむ》
同じ頃《ころ》　日本の開戦
一九四一年
真珠湾攻撃《しんじゅわんこうげき》
カウナス
ベルリン
ケーニヒスベルク
ドイツ
プラハ
ブカレスト
ルーマニア
日本は戦争に負けるよ
ドイツも負けるだろう
ルーマニア大使館
ブカレスト勤務《きんむ》
一九四五年
ヒトラー自殺《じさつ》
ポツダム宣言《せんげん》
敗戦
ソ連の捕虜《ほりょ》となり
ルーマニア軍の兵営《へいえい》で
収《しゅう》容《よう》所生活を送る
一九四六年十一月
ブカレスト発、オデッサへ
十二月オデッサ発
シベリア鉄道で
零下《れいか》四十五度
五か月かけて
ナホトカへ
そこから
貨物船に乗り継《つ》いで
終戦二年後にようやく
一九四七年四月帰国
帰国して
程《ほど》なく
外務《がいむ》省から
呼《よ》び出し
外務《がいむ》省には
君のポストはない
例の件《けん》で責任《せきにん》を
問われている　もう
君をかばいきれない

何か
あったのですか
外務《がいむ》省を
退職《たいしょく》することに
なった
仕方ないよ
そんな……
同年十一月
晴生が病死
カウナスで生まれて
大変なことが多かったから…
悲しい思いに
心を閉《と》ざすように
カウナスでのことを
家庭の中では忘《わす》れること
以後話題にしないようになる
食べ物も仕事も
なかなかなくて
苦労かけるね
私も
家事が
慣れなくて…
おフロに薪で
火が
つかなくて。
語学を生かす
いくつかの仕事を経《へ》て
一九六〇年　六十歳《さい》で
貿易《ぼうえき》会社へ
会社
退職《たいしょく》まで十七年間はモスクワ勤務《きんむ》
年に数回日本へ戻《もど》る日々だった
おじいさま
モスクワの
お土産ありがとう

一九六八年
イスラエル大使館まで来ていただけますか
ミスター・センポ・スギハラですね
イスラエル大使館の参事官のニシェリです
これを覚えていますか
CONSULAT DU JAPON
KAUNAS LITHUANIE
これは……
ビザを…
二十八年ぶりですね
私《わたし》たちはずっとあなたを捜《さが》していたのです
ママ！ 今日はおどろいたよ
あの時ビザを書いた人がイスラエル大使館の参事官でね

あの後みんな
日本を通って
それぞれの国に着いて
元気にしているそうだ
まあ
私《わたし》のやったことは……
無駄《むだ》ではなかったんだね
翌年《よくねん》の一九六九年
イスラエル訪問《ほうもん》
イスラエルは一九四八年に建国された
ホロコースト※から逃《のが》れた人々も含《ふく》め
多くのユダヤ人が移住《いじゅう》している
バルハフティック宗教《しゅうきょう》大臣が
迎《むか》えてくれた
覚えていますか
カウナスで
話し合った
リーダーの一人です
あの時の……!
もっと早くお礼を言いたかったのですが
外務《がいむ》省に問い合わせても
あなたの消息が
わからなくて……
訓令に背《そむ》いてビザを
出し退職《たいしょく》していたので
えっ?
日本の外務《がいむ》省が
助けてくれたのだ
とばかり……
じゃああなたは
自らを顧《かえり》みずに
我《われ》らにビザを!
バルハフティック宗教《しゅうきょう》大臣は
このスギハラの行いを大切に思い

※ナチス政権とその協力者による約六百万人のユダヤ人の組織的、官僚的、国家的な迫害および殺りく

バルハフティック大臣の尽力《じんりょく》で一九八五年一月イスラエル政府《せいふ》から「諸《しょ》国民の中の正義《せいぎ》の人」賞《しょう》を与《あた》えられた
LE PEUPLE JUIF RECONNAISSANT
東京のイスラエル大使館で授与《じゅよ》
パパの代わりに大使館に行って来たわよ
新聞やテレビ外国の記者もたくさんで
新聞やテレビで騒《さわ》がれるようなことじゃないよ ただ当然のことをしただけだから
私《わたし》は外交官としては外務《がいむ》省に背《そむ》いて間違《まちが》ったことをしたのかもしれない しかし私《わたし》をたよりにしている何千もの人を見殺《みごろ》しにはできなかった
それは正しい行動だったんだね
一九八六年
おじいさまお加減《かげん》いかがですか
まどかありがとう

今日、おじいさまが「病床《びょうしょう》にロシア正教の司祭を呼《よ》んでくれ」とおっしゃっていた
普段《ふだん》はご自分の意思をはっきりいうことがないのに
おじいさまの心の隅《すみ》にはいつも神様がおられたのではないかしら
ママ手を握《にぎ》って
君と結婚《けっこん》して本当によかったよ
パパ
七月三十一日
八十六歳
天に召《め》される
千畝《ちうね》の書いたビザで命が助かった人たちは六千人
その子孫たちは今世界中に何十万人と言われる……

エピローグ
……という祖父《そふ》でした
ミスターセンポ・スギハラがビザを書いてくださり心から感謝《かんしゃ》しています
そのあとも日本の方に助けられました
日本の敦賀《つるが》港に着いた時はみんな大喜《よろこ》び
ずっとお風呂《ふろ》に入れなかった私《わたし》たちをただで銭湯《せんとう》に入れてくださったり
食べ物も
とても親切にしてもらいました
そのあとユダヤ人がたくさんいる神戸へ行ったら
牧師《ぼくし》さんたちが待っていてりんごを配っていたり
日本のお家に招《まね》かれたり一緒《いっしょ》に遊んだり
ユダヤのみなさんの幸せをずっとお祈《いの》りしています
旅立つまで神戸で幸せだったわ

監修　NPO杉原千畝命のビザ　副理事長　杉原まどか／参考『六千人の命のビザ』杉原幸子著（大正出版）、『杉原千畝物語―命のビザをありがとう』杉原幸子、杉原弘樹著（フォア文庫）、DVD「激動の20世紀を生きた三人のクリスチャン」（いのちのことば社）

あとがき◆絵・漫画

四年前の冬、「天の家」の「道夫ちゃん」に会いに軽井沢《かるいざわ》に行った。家があった辺りを一緒《いっしょ》に歩いた。少し前まで敵国だったはずの人たちと一緒《いっしょ》に暮《く》らす。戦争で生活が一変し、そこで、せいいっぱい生きた子どもたち。絵にしたいと思った。

三つのお話の絵を描《か》きながら、ニュース番組をよく聞いていた。「戦争があった昔は大変だったけれど、今は平和でよかったね」とは言えない。今の日本も（規模《きぼ》は違《ちが》っても）同じ種類の問題を抱《かか》えているんじゃないか、と思った。「国が決めたことだったら、ある人たちの命や人権《じんけん》はないがしろでも仕方がない」というような行政《ぎょうせい》の仕組み。「国の方針《ほうしん》と異《こと》なる思想、信条《しんじょう》は、制限《せいげん》され、取り締《し》まられてもいい」という考え方。千畝《ちうね》さんや、和子とお父さんが苦しんだものと同じ種類の問題。今も私《わたし》たちの国は抱《かか》えている。現状《げんじょう》を知るほどに、昔の話だと片《かた》づけられなくなる。

ドイツのワイツゼッカ元大統領《だいとうりょう》は「過去《かこ》に目を閉《と》ざすものは、現在《げんざい》も見ることができなくなる」と語った。私《わたし》たちは過去《かこ》を見て、未来を良いほうへ変えていけるだろうか。過去《かこ》に目を向けるこの本が、現状《げんじょう》を見るための、小さな助けになれますように。

みなみななみ

あとがき◆文

終戦から約二十年後に生まれた私《わたし》は、子どもの頃《ころ》、戦争というのは遠い昔に起こった出来事で、もう二度と起こらないことだと思っていました。「日本は過去《かこ》のひどい体験を教訓にして、この先は絶対《ぜったい》に戦争をしないことに決めた。そのことは憲法《けんぽう》で保証《ほしょう》されている」と教えられ、それを信じることができたからです。

けれども残念なことに、昨今では、それが「絶対《ぜったい》」でもなくなってきたように思うのです。一昔前まで、憲法《けんぽう》九条《じょう》の改正は、どの政党《せいとう》の政治家《せいじか》も気軽には口にすることもできないタブーでしたが、今や現実味《げんじつみ》を帯びてきています。時代は確《たし》かに変わりました。変わらない時代などないのだということが、大人になってわかりました。

けれども、どんな時代の中でも変わらないものもあります。すべての人が尊厳《そんげん》をもって人間らしく生きられる平和な世界を希求する人たちの信念も、その一つだと思います。この本の物語に出てくる方たちもそれぞれ、そんな信念を胸《むね》に、困難《こんなん》な時代を乗り越《こ》えてこられました。これらは、変わりゆく時代に、聞くに値《あたい》するお話だと信じます。

結城絵美子

結城絵美子　ゆうき・えみこ
ライター、翻訳者、編集者。
1965年、東京都福生市生まれ。
訳書に『君への誓い』『大切なものはわずかです』『神の小屋』、著書に『倒れても滅びず』(いずれもいのちのことば社)などがある。

みなみななみ
作家、漫画家、イラストレーター。
著書に『ヘブンズドロップス』『鈍色スケッチ』『ぼくのみたもの　第五福竜丸のおはなし』(以上、いのちのことば社)、『クラスメイトは外国人』『世界と地球の困った現実』(以上、明石書店)などがある。

語り継ぐクリスチャン実話
あの日、ぼくらは
天の家、独立学園、杉原千畝 篇

2021年6月1日　発行

文　結城絵美子
絵・漫画　みなみななみ

装丁　Yoshida grafica 吉田ようこ
印刷製本　日本ハイコム
発行　いのちのことば社フォレストブックス
〒164-0001 東京都中野区中野2-1-5
電話 03-5341-6924(編集)
03-5341-6920(営業)
FAX 03-5341-6921
e-mail:support@wlpm.or.jp
http://www.wlpm.or.jp/

ISBN978-4-264-04243-3